新版　国家と個人

新版 国家と個人

市民革命から現代まで

田中 浩

岩波書店

新版に寄せて

わたくしが『国家と個人——市民革命から現代まで』を岩波書店から刊行したのは一九九〇年四月であったから、もう一八年もまえのことになる。この間、一四刷を重ね、多くの読者に愛用していただいたことは誠に光栄であった。ところで実際に本書の原稿を執筆したのは一九八八年末から翌八九年三月末であったから(「NHK市民大学」テキスト『近代国家と個人——民主主義思想の変遷』)、それから三カ月後に起こった「天安門事件」(中国、六月四日)や八月のポーランドに始まる東欧社会主義諸国の自由化・民主化運動(反ソ・反独裁運動)については、当然なことながらまったく想定していなかった。したがって岩波版を出版するさいに、NHKテキスト版との間の約一年間に起こった大事件をどう取り扱うかについては十分に検討した。しかし、内容的にはほとんど修正する必要はない——若干の加筆は別として——と判断した。

その理由はこうである。本書のテーマは一七世紀のイギリス市民革命から二〇世紀八〇年代末の現代までのデモクラシー思想の発展を述べるというもの——こうしたひとりの著者が書いた概観的かつ比較思想史的な啓蒙書は、日本では、恐らくそれまでにはなかったしまた現在でもないといってよいであろう――であったから、東欧社会主義諸国の「反ソ・反独裁」運動も、近代デモクラシー思想の展開(自由民主主義から「社会的」民主主義へ)という視点のなかで解明すればそれで足りるであろうと考えた。

しかし本書出版後のわずか一年後に、今度は、「ソ連邦の崩壊」という驚天動地の事態が発生した。わたくし自身に即していえば、フルシチョフやゴルバチョフなどのソ連最高指導者たちの言動や「ハンガリー事件」(一九五六年)、「プラハの春(チェコ事件)」(一九六八年)、今回の「東欧反乱」――日本では「東欧革命」と呼ばれたが、これは「革命」という語の誤用でありわたくしは用いない――などをみて、「鉄の結束」を誇った社会主義陣営内部にも「自由化」「民主化」の歓迎すべき傾向が進んでいることは感知していたが、一九九一年一二月の、社会主義体制自体の事実上の解体を意味する「ソ連邦の崩壊」までは恥ずかしながらまったく予想できていなかった。

とはいえ、このさいも、自由・平等・平和を基調とするデモクラシーの発展という視点からみれば、「スターリン型社会主義体制の崩壊」は、本来のデモクラシー体制への「復帰」として考えられるから、その線で捉えなおすことは十分に可能であろうと思っていた。しかし、「冷戦終結宣言」(一九八九年一二月)後、東西両陣営による戦争の危険がいちおう収まり、国際平和の曙光がようやく到来すると確信しはじめたとき、東西対決とは異なる新たな対立要因が表面化した。とくにそれは、二〇〇一年九月一一日のアルカイダによるアメリカの「世界貿易センタービル」

(ニューヨーク)襲撃に端を発した「イスラム原理主義」側からの「アメリカ覇権主義」(帝国主義的行動)への挑戦という形で現われた。またこの挑戦は、宗教問題を原点とする民族問題や石油資源問題、環境問題などの全地球的な観点からする、「デモクラシーの本質とはなにか」をめぐる内容をふくんでいるようにも思われた。

こうなると、近代デモクラシーを考える基本軸として「自由民主主義」から「「社会的」民主主義」への発展という視点からアプローチするだけではもはや不十分であることは明白であった。したがって、この五、六年間、現代を捉えるなんらかの新しい分析理論や思想が必要であると痛感していた。今回、こうした思いを岩波書店が快く受け入れて下さり、ここに「新版」を出版する運びになったことについては同社に心から感謝するしだいである。とはいえ、現代デモクラシーをめぐる諸問題を解明する能力はいまのところわたくしにはない。そこで、この「新版」においては、旧版最終章(第一二章)を全面的に書きかえて、二一世紀初頭における新しい国際関係(とくに「イラク戦争」などの「民族と国家」、「ナショナリズムとデモクラシー」をめぐる問題)をどうみるか、またこれを解決する基本的な思想原理とはなにか、さらに冷戦終結以後とくに顕著となった「アメリカ一極支配」をチェックして真の国際平和を確立する有効な政治的・経済的思想制度とはなにか(ここではとくにEU(欧州連合、ヨーロッパ連合)の問題をどう考えるかといった問題)などについて述べることにする。しかし、これとても、近代デモクラシーの本質を「自由・平等・平和」という普遍的・包括的・長期的視点から捉えるわたくしの基本的方法には変りはない。

二〇〇七年一二月八日

田中　浩

まえがき

本書の本体部分（注を除く）を書き上げたのは、昨年（一九八九年）三月末のことであったから、その時点では、六月に突発する「天安門事件」についてはいうに及ばず、ましてや八月以降急速に進展することになるポーランド「連帯」運動の動き、さらには、一九八九年（フランス大革命勃発後二〇〇年）後半期を画する、ハンガリー、チェコスロバキア、東独、ルーマニアなど東欧社会主義諸国において次々に波及していった一連の自由化・民主化運動の拡大・展開、そしてまた、最近のソ連における「ペレストロイカ」（改革）に向けての大変貌などについては夢想だにしえなかった。

ともあれ、わたくしは、約束期限の八月末までに各章ごとの注をつけ――そのさいポーランド問題の推移については若干の説明を加えておいた――、完成原稿を岩波書店に渡したのち、かねて予定していたとおりオランダのライデン大学日本研究所を訪問し、その後、九月二一日から二三日にかけてシェフィールド大学日本研究センター創立二五周年を記念して開催される、「国際化」をテーマとする国際会議に出席し報告するために、急ぎ出立した。滞欧期間中も、東欧諸国における政治・経済改革をめぐる市民運動はますますエスカレートする一方で、共産党一党支配に代る「自由選挙」・「複数政党制」の導入、「市場原理」の採用など、これまでの社会主義国家の政治・経済体制のイメージとはきわめて異なる新しい提案が次々とだされ、そうした動きは、ソ連の「ペレストロイカ」への努力をも含めて、九〇年代に入ってからもその勢いはとどまるところを知らず、東欧情勢は現時点においても依然として大きく揺れ動き、いまや全世界の人びとは、その帰趨を固唾《かたず》を呑んで見守っている。

しかし、「ハンガリー事件」(一九五六年)や「プラハの春」(一九六八年)などの一連の事件を想起してみるならば、現時のような事態の進行は、遅かれ早かれ、いずれは起こるべくして起こったものと思われる。なぜなら、「科学的」社会主義の祖マルクスやエンゲルスが「プロレタリアートの独裁」という政治概念をかかげたとき、それを古代ローマ時代以来の西欧政治思想史の伝統の上で考えるならば(C・シュミット『独裁』一九二一年)、ここでの「独裁」イメージは、社会主義社会実現のために、人民大衆が一時期、全権力を集中する趣意であって、共産党の永続的「一党独裁」を示唆したものとは考えられず、したがって社会主義社会建設のめどがついたのちには、新しい事態に即応して各国ごとに新しい民主的政治制度が創設されるものとマルクスたちは考えていたと思われるからである。

ところで、本書の副題が「市民革命から現代まで」となっていることもあって、本年二月上旬に刷り上がってきた初校ゲラを手にしたとき、現時の激動する国際情勢にかんがみて、多少とも内容上の修正が必要であるかどうかについては当然のことながら検討した。しかし、そもそも本書の主題自体が、近代社会・近代国家の成立時点から現代にいたるまでの、「国家と個人」つまり「権力対自由」にかんする、資本主義国家であれ社会主義国家であれ、そこにおいて共通に問われるべき基本問題を、「思想と歴史」の両面から考察し、その展開・変容過程と現状を論じたものであったため、内容的にはほとんど変更の必要はない、と判断した。そればかりか、現時の混沌たる「見えない時代」においてこそ、むしろ本書が主題とするような「近・現代国家における個人の自由」といった基本問題を原理的に考察することがますます必要であり、かつそうした問題を客観的に解明できるための接近方法《アプローチ》の見取図を提示しておくことに現代的意義がある、と確信を深めた次第である。

さて、こうしたわたくしの問題意識は、今を去る四十数年まえ、敗戦直後の時点にまで遡ることができる。わたくしは、一九二六年(大正一五=昭和元)生れであるから、小・中学校時代——小学校入学の年、一九三三年にはヒトラー率いるナチ党が政権を獲得し、一九四一年、中学二年のときに太平洋戦争が始った——を通じて、まるまる(超)国家主義・軍国主義思想教育を注入された、まさに「昭和戦前日本侵略史」の「申し子」そのものともいうべき世代に属する。近代日本において、福沢諭吉のいわゆる「一身にして二世を生きた」世代は、わずかに明治維新の大動乱期に遭遇した「維新期」世代と、戦争の悲惨さと無意味さを骨の髄まで味わったわれわれ「戦中派」世代だけである。だから、われわれは、他の世代の人びと以上に、とくに、「時代の変革」にたいして敏感でなければならず、また「国際平和の確立」についてより大きな責任を背負って生きていくべき世代である、と考えている。

敗戦を迎えたとき、職業軍人の卵(士官候補生)であったわたくしは、すべての価値観が一八〇度転換したあまりの状況の変化にすっかり戸惑い、半年間ほど悩みに悩んだのち旧制高校に再入学した。高校生活の三年間は、日本国民全体が貧乏のどん底にあり、民主化への希望が大きくふくらんでみえた半面、再びあの忌《いま》わしい全体主義《ファシズム》が復活し、悲惨な戦争へと駆りたてられる危険性が再来するのではないかという不安と恐怖感がつねに心の片隅において交錯していた。

こうしたなかで、新しい自立の道を求めて、わたくしが遮《しゃ》二《に》無《む》二《に》知りたく思ったことは、ただ一点、近・現代三五〇年の「人類の歴史」のなかで、「人間の自由と平等」、「政治的民主主義」にかんする思想と運動が、各国において、歴史的にどのようにして成立し発展したのか、またそれらは現在どのような位置にあるのか、という点であった。しかし、そのことを知るにはどうしたらよいのか。それにはまず、近代民主主義思想を確立し、その発展に寄与した世界の大思想家たちの知的営為を系統的に追体験する以外にないと考えたし、またそうしたすぐれた思想家たちを生みだした時代状況を検討すると同時に、新しい「時代と思想」を形成するために、どれだけ多くの人びとが尊い血を流し、測り知れないほどの犠牲と代償を支払ってきたかについても確認する作業が必要であるように思われた。

ここは一番、迂遠の道のようだが、近代思想成立の原点にまで遡って、学問的に追究してみる必要が痛感された。そこで大学では、「哲学」を専攻することにしたが――イギリスの思想家たち、たとえば、ホッブズ、ロック、ペイン、スミス、ベンサム、ミル、グリーンたちはすべて、哲学をその政治・経済・社会思想の根底にもっているように思えたから――、もちろん、わたくしの問題関心は、当時、哲学界の本流とされていた形而上学や認識論の研究に専念するというよりは、さまざまな政治・社会思想の基礎づけとなった哲学思想――「人間と社会」、「人間と国家」の関係――を究明することに向けられていた。

そのため、わたくしは、卒業論文の作成にあたっては、一七世紀市民革命に勝利し、世界に魁《さきが》けて近代国家を形成することに成功したイギリスにおいて、近代国家についての市民的解釈モデルを最初に提示した大著『リヴァイアサン』(一六五一年)を書いたホッブズの思想を通じて近代民主主義の政治原理を探る作業を開始し、その地点から出発して、いずれ近代全体にわたる民主主義思想の発展系譜をつなげていこうと決めた。

それから四〇年余、初期の研究段階においては、日本民主化の急激な進展とそれを押し止めようとする「逆コース」現象のせめぎ合いに大いに心が揺れ動き、またその後、いくつかの民主化運動にいささかかかわった身としては、いくたびか、当面緊急を要する日本の現状分析に方向転換すべきではないか、と真剣に考えたことはある。しかし、わたくしは、そうした実践的・知的誘惑と葛藤しながらも、敗戦直後に回心し、わたくしなりに抱き続けてきた世界民主主義発達史の構図を究明してみたいという問題意識を大切に思い、その基本作業を放棄することはしなかった。

なぜなら、人類にとっての「普遍的価値」の思想が、時代的にあるいは各国民ごとにいかに闘いとられてきたかを知らなければ、またそうした思想的・政治的営為の軌跡を把握することなしには、変転つねなき、きわめて複雑で混沌とした現代世界の境位を理解することはもちろんのこと、現代日本における真の民主政治の在り方を原理的に考察することもとうてい不可能である、と考えてきたからである。そして、こうしたささやかな作業を通じてでさえ、わたくしは「歴史の進歩」を突き動かしてきた原動力は、結局は、権力をもたない、しいたげられた名もなき民衆の、「自由への熱い思い」、「民主主義の実現を求める至極《しごく》当然な希望」にあったことを検証できたような気がする。

本書は、「国家と個人」の緊張関係《シュパンヌンク》をめぐる、現代世界に存在するすべての国民国家に共通する根本問題を、だれでもが容易に理解できるように平明な形で論じた啓蒙書《ガイドブック》である。しかし、たとえ啓蒙書の体裁をとっているとはいえ、本書に盛り込まれた叙述は、わたくしが戦後四十数年かけて考え続け悪戦苦闘してきた問題意識の一端を披瀝《ひれき》した血と汗の結晶である。その意味で、読者諸氏が、本書を足掛りとして、「国家と個人」、「権力対自由」をめぐる、現代世界においてすら今なお問い続けられ、それどころか、ますますその問題解決の重要性が高まってきている基本的問題についてそれぞれの考えを深めていただけるならば、それは、筆者にとっての望外の喜びである。

一九九〇年三月一日

田中　浩

目　次

第一章　近代国家とは

現代世界と国民国家《ネーション・ステート》

現在、この地球上には一九二の国ぐにが国際連合に加盟して政治的・経済的・文化的になんらかのかかわりをもちながら共存している。

これらの国ぐにのうちの大半は、いわゆる資本主義国家と呼ばれる国ぐにであるが、中国、キューバ、ベトナム、北朝鮮（朝鮮民主主義人民共和国）などのような社会主義国家もある。

これらの二つの国家群は、政治体制や経済構造やイデオロギーにかんして大きな違いがあるが、いずれの国ぐにのばあいも、歴史的に共通した政治・社会・伝統・文化・宗教・言語などをもつ複数の民族――ときには何十・何百という民族――が、一つの領土的まとまり（国境）と政治的統一（政治権力・主権）をもって結合した政治的共同体であるという点において、国民国家《ネーション・ステート》（民族国家・主権国家）と呼ぶことができる。したがって、現代世界はこうした多数の国民国家からなる国際社会である、ともいえよう。

ところで、現代世界の問題を考えるばあいに、もう一つ忘れてはならないことは、第二次世界大戦後、アジア・アフリカ地域において独立した一〇〇カ国近い新興独立国家の存在である。[1] これらの国ぐには、かつては西欧列強の植民地や従属国であったため、先進諸国からの抑圧的・干渉主義的な政治・経済行動についてきびしい批判の眼をもち、そのことが、現在の国際平和を支える重要な力となっている。かれらは、「冷戦時代」(一九四七—八九年)には、東西両陣営のいずれにも属さない「第三世界」を形成し、平和共存・反核・反植民地主義などの「非同盟主義」[2]をかかげて、国連[3]その他の国際組織の場において平和に対する重要な発言をしてきた。

このように現代世界は、近代社会・近代国家成立以後、さまざまな試行錯誤を繰り返しながら、一方では、ともあれ、平和や民主主義を実現する方向へと一歩一歩進んできたものといえるが、他方では、まだまだ未解決の問題を多数抱え込んでいる。

たとえば、核兵器の製造・実験・使用の制限・禁止あるいは軍縮問題などをめぐる交渉は、いまだに真に国際平和を達成できるほどの状況を確立するまでにはいたっていない。また中南米やアジア・アフリカなどの開発途上国と先進諸国との間での政治・経済問題や民族問題・宗教問題などをめぐる紛争も跡を断たないという、困難な問題を抱えている。さらには諸国家間にみられる経済・貿易摩擦なども、今後の状況いかんでは国際社会において重大な政治問題に発展する危険性をはらんでいる。

　したがって、現代世界における国民国家間の将来をめぐる問題は、いまあげたような問題をどのように一歩一歩解決していくかにかかっているように思われる。こうした問題を考えていく方法としては、さまざまな方面からのアプローチ(接近)が可能であろう。たとえば現代世界の構図そのものを正しく把握し(現状分析)、そこから解決の糸をたぐりだしていくのが最も手っ取り早い方法かもしれない。しかし、二一世紀初頭の現代という状況は、少なくとも、過去三五〇年以上を遡る近代社会・近代国家成立時点から現代にいたるまでの人類の営為と努力——そこには成功もあれば失敗もある——の結果到達した所産である。とすれば、現代そのものを分析する前提としては、近代全体にわたる「歴史と社会」の発展、またそれらを突き動かしてきた「思想」や「理念」についてしらなければならないであろう。

　情報化時代の真只中に生きる現代人は、日々生起する事件や事象については戦前とは比較にならないほどの豊富な知識をもっている。また社会科学全般の急激な発展と普及も、かつてのような権力者側からの一方的な情報操作によって国民が意のままに踊らされるという危険性を防止している。さらには、国際化がますます進んでいる状況の下で、いまや現代人は、自らの力によって現代世界や現代社会を「進歩」の方向に誘導できる有利な手段や条件を十分に手にしているのである。あとは、われわれ一人ひとりがいま以上により高度な思想的自覚や歴史的感覚を身につけた市民自身にならなくてはならない。なぜなら、そうした個々の市民が集まってはじめて、自由で平等な国民国家の精神が各国ごとに形成されるからであり、またそうした国民国家が集合してこそ真に民主主義的で平和な国際社会が構成されうるからである。

われわれにとって国《くに》とはなにか――国家と個人

さて、現代の日本のように、経済が順調に発展し、政治的にもある程度安定している国家に住む国民にとっては、ふつうにはあまり国《くに》というものを意識することはないであろう。人びとはなんらかの職業につき、あるいは自営的な商売や生産活動をおこない、それによってサラリーや利潤をえ、あたかも自分だけの力でいわば自立的に生きているかのような感覚で日常生活をエンジョイしている。海外旅行で出入国するさいにパスポートを提示したり、オリンピックで日章旗が掲揚されるときなどに、人びとは、あらためて日本国民であることを自覚させられるぐらいがせいぜいであろう。

このことはじつは、たいへんに健全で自由な市民国家の姿を示しているものといえよう。なぜなら、戦前の日本のように、明治維新以来、西欧列強をたえず意識しながらそれに追いつき追い越すことを目標にしてきた富国強兵国家においては、国民はなによりもまず国家利益《ナショナル・インタレスト》を最優先させるような教育や政治指導を受け、そこには真の意味での個人の自由や個性の自覚などは存在しなかったからである。そして、そのような政治・教育体制の下では、国家の側から加えられる強制によるか、あるいは、個人自由の保障を求めて国家と対立するかの違いはあれ、いずれにせよ、人びとは、国家を強く意識せざるをえないという不幸な精神状況の下におかれた。前者は、自国の利益を最優先させるために、他国民や他民族を敵視しあるいは他国への侵略を正当化するという悪しきナショナリズム（国家主義《ステイティズム》）への同調を強制することによる国家意識の醸成である。後者は、政治的・宗教的理由などから、個人の思想・信条が国策と背反するためにそこに国家権力と個人自由の矛盾・対立が生じ、個人が国家の存在をわずらわしく思いあるいはいまわしく感じる不幸な意識である。

のちに述べるように、近代国家の成立以来、英米系の民主主義的な政治学、政治思想において、なによりも個人の自由を尊重する国家生活の確立の追求が中心テーマとされたのは、先に述べた「国家と個人」、「権力と自由」の間に起こる対立・矛盾をいかにして軽減し、調整するかをつねに念頭においていたためである。戦後日本は、日本国憲法を制定し、国民主権主義を高くかかげ、戦前のような国家主義《ステイティズム》は否定された。そのことによって「国家と個人」、「権力と自由」の間の矛盾や衝突もかなりの程度緩和・改善された。とはいえ、こうした問題はまったく解決されたわけではなく、「国家と個人」、「権力と自由」をめぐる緊張関係は、日本はもとよりのこと世界の国ぐににおいてもいぜんとして「政治の世界」における根本問題であることは、日々報道され新聞・テレビをにぎわすさまざまな事件などによって明らかであろう。

ではなぜ人間は、各人の自由としばしば矛盾し、または各人の心を悩ませる国家という厄介な人工的制度つまり統制機能をもつ統治(権力)機構をわざわざ作ったのだろうか。以下この問題について考えてみよう。

「見える政治」と「見えない政治」

こんにち、われわれは一つの仮説の上に日常生活を送っている。それは、国には立派な法律があり、政治を担当する者たちは法律にもとづいて政治をおこない、国民の側も一人ひとりが法律に従って行動すれば安全な生活が保障される、という仮説である。

この仮説の上に立って、われわれは、政治の仕事はわれわれ自身が選んだ少数の代表者にまかせ、国民の大半は、個人および国民生活の基盤である衣食住その他の有用物の生産に専念するという政・経分離つまり「市民国家」と「市民社会(生活)」の協同という思想にもとづいて、快適な生活を営んでいるのである。政治や国家の仕事のなかには、行政や対外政策・公共事業などのほかに、治安や防衛の仕事も含まれているが、政治担当者は法律を守ってそれらの仕事をおこなっているので、そこには恣意的な専制支配や権力的な抑圧政治が入り込む余地は少ない、とわれわれは信じている。われわれが、外出するときに護身用の武器ももたないで丸腰のまま平気で歩きまわれるのも、われわれの国が法治国家である、と信じ込んでいるからである。こうした政治をわれわれはこんにち「法の支配」による政治と呼んでいる。ときの首相は、何県何町何村の何の何兵衛についてはまったくしらない（「見えない政治」）。にもかかわらず、かれが正常な政治運営をつつがなくおこなうことができるのはなぜだろうか。それはいま述べたような「法の支配」という思想が一つの仮説として国民全体の間で広く理解されており、それによって国民がその持場持場で自立的に行動し生活しているからである。では、このような精神的仮説はいつごろ、どのようにして生まれたのだろうか。それは近代国家設立の必要性が自覚され、それによって国家という政治共同体が形成された時点から、またそのような近代国家の在り方をホッブズやロックやルソーのようなすぐれた思想家たちが理論化したときからだ、といってよいだろう。そこでさっそく、近代国家の性格や特質について考えてみる必要があるが、そのまえに近代国家の特質をより鮮明にきわ立たせる意味からも、近代国家以前の国家について簡単に述べておこう。

国家の形態には歴史上さまざまなものがあったが、なんといっても有名なのは、ギリシアの都市国家《ポリス》であろう。当時ギリシアには多数の都市国家が存在したが、三〇万人近くいたといわれるアテネの場合は別として、たいていの都市国家は一万とか二、三万といった小さなものであった。アリストテレス（Aristotelēs, B.C. 384-322）によれば、その政治共同体は「一目《ひとめ》で見渡され、一気に頭数《あたまかず》を数える」ことのできる程度の人口と領土的規模で、その意味でポリスの政治は人と、人、と、の、結、び、つ、き、を主体とする「見える政治」であった。このようなところでは、自由民が集まって政治の基本線を定めることが通常であって、それを後世の人びとは「直接民主政」と呼び、民主政治の典型としてたたえたのである。ソクラテス（Sōcratēs, B.C. 470-399）やプラトン（Platōn, B.C. 427-347）、アリストテレスの哲学において、なによりも個々人ごとの徳の修練が重視されたのは、ポリスを個人の集合体と考えていたからであり、またポリスと個人の運命は一体のものであると感じとられていたからである。しかし、この都市国家は、数百万、数千万の人口を擁し広大な領土をもつ近代国家とは異なり、人口もきわめて少なく領土もはなはだ狭小であったから、そこではのちの資本主義社会にみられるような生産力の飛躍的発展はとうてい望めず、その意味で国力も停滞したままで、マケドニアのような大国の侵略にあえばそれに対抗することができず、しだいに衰退し没落する運命をたどっていったのである。

続いてローマ帝国の時代が始まる。この国は西ヨーロッパ全体から北アフリカまでをも含む巨大帝国であったが、これもまた近代国家とはその性格を大いに異にした。ローマ帝国はその広大な領土を維持し支配するためにはもっぱら強大な軍事力に頼らざるをえず、またそのような方法だけではとうてい支配できなくなったから、のちにはキリスト教を国教として定め（三九二年）、さまざまな地域に住む民族を精神的に統治するという方法をも採用することになる。いわゆるローマ・カトリック(普遍)教会の成立である。しかし、五、六世紀ごろから西ヨーロッパの周辺地域《ペリフェリー》に多数の封建国家が現われ、一二・一三世紀ごろから一五・一六世紀ごろにかけて、しだいに、群小の封建国家を解体しつつ一つの政治的統一体の確立を志向するいくつかの絶対主義国家が台頭した。しかし、これらの国ぐにも近代的性格をもった国家とはいえなかった。なぜならそこでは封建領主も絶対君主も、こんにちの議会のような国民代表的性格をもつ会議体によって制定された法律(制定法)によってではなく、主として領主や君主の恣意的な意志と強大な武力によって家臣やその領民を絶対的に支配していたからである。

世界最初の近代国家は、一七世紀なかごろのイギリスにおいて登場した。では、この国家は、それまでの古典古代期のギリシア・ローマの国ぐにや封建国家・絶対主義国家とどのような点において異なるのか。

近代国家の特質

この問題を考えるばあいに、明治維新によって近代国家への転換をはかった日本を例にとって考えてみると、たいへんにわかりやすい。

新しい明治国家は、それまで徳川(将軍)家をはじめ三〇〇諸侯が分割領有していた領地を新政府に一挙に返還(大政奉還・版籍奉還・廃藩置県)して形成された。つまり、ここに明治国家・明治政府という「一つの権力(権威)」が確立され、そのことはこの国において、「一つの法(法律)」や命令によって全国民が規律されるという統一的な政治体制が生まれたことを意味する。当然にそこでは旧来の士・農・工・商の封建的身分差別は廃止され、身分によって異なる法律やきまりが適用されるという不公平でバラバラな統治は否定される(法の下の平等)、つまり、「一つの権力(権威)」、「一つの法(法律)」という政治体制が確立されることが近代国家成立の基本的な指標であることがわかる。もっとも日本では、一八八九年(明治二二)までは憲法がなく、国民代表的な議会も存在せず、薩長藩閥政治の指導下にあったから、この時期は真の意味での近代国家とはいえなかったが、少なくとも明治国家が近代国家形成への方向性をもっていたことは間違いない。

ところでイギリスでは、ピューリタン革命(一六四二―一六六〇年)に始まり名誉革命(一六八八年)にいたる約半世紀ほどかかった二つの市民革命が成功した時点で、議会が国の最高権力としての地位をほぼ獲得し、ここに「一つの権力(権威)」、「一つの法(法律)」という「法の支配」する政治体制が確立したから、この時期以降、イギリスは近代国家の時代に入ったといってよいであろう。

ここで注意すべきことは、「一つの権力(権威)」、「一つの法(法律)」という体制が作られてもそれだけでは近代国家としての十分な要件を満たすものではないということである。その新権力が国民の同意によって産出されたものであること、またその権力が民主的な政治制度によって行使されること、さらにはその権力が制定する法律の内容が、国民の人権や自由を保障するものでなければならないこと、これらの条件を満たすことなしには、その国家は近代国家の名に値するものとはいえないのである。その意味で、フランスの「人権宣言」第一六条における、「権利の保障がなされず、民主的な制度の確立を認めていない社会は近代憲法をもつとはいえない」という趣旨の文言《もんごん》は、近代国家の条件を端的に述べたものとして興味深い。

ヒトラーの時代でも権力（権威）は一つであり、法（法律）も一つであった。しかし、そこでは国民の意志はまったく無視され、ナチ党の独裁支配が貫徹されていたから、だれもナチ国家（第三帝国）を近代国家とは呼ばないであろう。また、戦前の大日本帝国憲法（明治憲法）では、人権の保障が十分でなく、政治制度もきわめて封建的かつ非民主的なものであったから、この憲法は「人権宣言」にいう近代憲法の名に値しないものであった[4]、といえよう。したがって、戦後、日本国憲法が制定されたとき、はじめて日本は真の意味での近代国家、現代民主主義国家の仲間入りをしたということになる。

ではなぜ、近代国家の形成とそれ以後の発展過程において、イギリス・アメリカ・フランスと日本やドイツとの間に大きな差異が生じたのか。その点を理解するためには、そもそも、イギリス・アメリカ・フランスではどのような思想や精神原理によって近代国家の形成が構想（国　家《ネーション・》構想《ビルディング》)されたのか、という点まで踏み込んで考察してみることがぜひとも必要となる。

この点にかんする考察がなければ、いくら民主主義を口にしあるいは民主主義政治の形態だけを真似してみても、真の意味での民主主義の思想や制度を理解し身につけることはできないであろうことは、戦後六十数年たってもいぜんとして繰り返し発生する政治腐敗の体質や国民の政治的無関心という精神状況をみれば一目瞭然であろう。

そこで、ここでは近代民主主義の思想原理が形成された原点に立ちもどり、その後三五〇年間にわたる近・現代史の発展のなかで、その思想原理がどのように各国・各国民の間で血肉化され、こんにちにまでいたったのかという民主主義思想の発展と変容を追跡し、それによって、今後、日本が歩むべき方向を確かめ、また日本が現代世界においていかなる地位を占めるべきかを考えてみることにしよう。

(1) 第二次世界大戦後から「冷戦終結宣言」(一九八九年)までの新しい独立国

国名	独立年月	国名	独立年月	国名	独立年月
インドネシア	一九四五・八	ガボン	一九六〇・八	バングラデシュ	一九七一・三
ヨルダン	一九四六・三	セネガル	一九六〇・八	バーレーン	一九七一・八
シリア	一九四六・四	マリ	一九六〇・九	カタール	一九七一・九
フィリピン	一九四六・七	ナイジェリア	一九六〇・一〇	アラブ首長国連邦	一九七一・一二
パキスタン	一九四七・八	モーリタニア	一九六〇・一一	バハマ	一九七三・七

インド	一九四七・八
ビルマ（ミャンマー）	一九四八・一
スリランカ	一九四八・二
イスラエル	一九四八・五
大韓民国	一九四八・八
朝鮮民主主義人民共和国	一九四八・九
ラオス	一九四九・七
リビア	一九五一・一二
カンボジア	一九五三・一一
スーダン	一九五六・一
モロッコ	一九五六・三
チュニジア	一九五六・三
ガーナ	一九五七・三
マレーシア	一九五七・八
ギニア	一九五八・一〇
カメルーン	一九六〇・一
トーゴ	一九六〇・四
マダガスカル	一九六〇・六
ザイール	一九六〇・六
ソマリア	一九六〇・七
ベナン	一九六〇・八
ニジェール	一九六〇・八
ブルキナファソ	一九六〇・八
コートジボアール	一九六〇・八
チャド	一九六〇・八
中央アフリカ	一九六〇・八
コンゴ	一九六〇・八
キプロス	一九六〇・八
シエラレオネ	一九六一・四
クウェート	一九六一・六
タンザニア	一九六一・一二
西サモア	一九六二・一
ブルンジ	一九六二・七
ルワンダ	一九六二・七
アルジェリア	一九六二・七
ジャマイカ	一九六二・八
トリニダード・トバゴ	一九六二・八
ウガンダ	一九六二・一〇
ケニア	一九六三・一二
マラウイ	一九六四・七
マルタ	一九六四・九
ザンビア	一九六四・一〇
ガンビア	一九六五・二
モルジブ	一九六五・七
シンガポール	一九六五・八
ガイアナ	一九六六・五
ボツワナ	一九六六・九
レソト	一九六六・一〇
バルバドス	一九六六・一一
南イエメン	一九六七・一一
ナウル	一九六八・一
モーリシャス	一九六八・三
スワジランド	一九六八・九
赤道ギニア	一九六八・一〇
トンガ	一九七〇・六
フィジー	一九七〇・一〇
ギニアビサオ	一九七三・九
グレナダ	一九七四・二
モザンビーク	一九七五・六
カーボベルデ	一九七五・七
コモロ	一九七五・七
サントメ・プリンシペ	一九七五・七
パプア・ニューギニア	一九七五・九
アンゴラ	一九七五・一一
スリナム	一九七五・一一
セイシェル	一九七六・六
ベトナム	一九七六・七
ジブチ	一九七七・六
ソロモン諸島	一九七八・七
ツバル	一九七八・一〇
ドミニカ国	一九七八・一一
セントルシア	一九七九・二
キリバス	一九七九・七
セントビンセント・グレナディーン	一九七九・一〇
ジンバブエ	一九八〇・四
バヌアツ	一九八〇・七
ベリーズ	一九八一・九
アンチグア・バーブーダ	一九八一・一一
セントクリストファー・ネイビス	一九八三・九
ブルネイ	一九八四・一

（注）独立国は一九四五年八月以降の国を掲載した『世界国勢図会（一九八八―八九年版）』国勢社、および外務省編『世界の国一覧表（一九八七年版）』による。なお「冷戦終結宣言」以降の独立国は、二〇〇七年一月一日現在で三五カ国。これらの国ぐにはその大半が旧社会主義国からの分離独立国（法務省編『世界の統計』二〇〇七年）。

（2）非同盟国とは、㈠平和共存と非同盟の原則にもとづく自主的政策の追求、㈡民族解放運動の無条件的支持、㈢冷戦に結びつく集団的軍事ブロックへの非加盟、㈣いかなる大国とも双務的軍事同盟条約を結ばない、㈤自国領内に外国の軍事基地をおかない、以上の五条件を満たす国をいう（一九六一年九月、ユーゴスラヴィアのベオグラードで二五カ国が参加して開かれた非同盟諸国首脳会議における定義）。この非同盟運動には一〇〇カ国以上が参加しており、「冷戦時代」の国際政治に大きな影響を与えていたことは確実であろう。

《非同盟諸国首脳会議の歩み》

一九五六年七月　ブリオニ会談。チトー、ナセル、ネルーの三首脳がユーゴのブリオニ島で国際情勢について意見交換。中立主義国が結束し、国際的発言力を高める第一歩に。

一九六一年六月　カイロで首脳会議の準備会議。「非同盟」の定義やメンバーを協議。

一九六一年九月　**ベオグラードで第一回首脳会議。二五カ国参加。**

一九六四年一〇月　**カイロで第二回首脳会議。四七カ国参加。**「平和と協力のための綱領」採択。独立まもないアフリカ諸国が過半数を超え、反帝・反植民地主義を強調。

一九七〇年九月　**ザンビアの首都ルサカで第三回首脳会議。五四カ国参加。**「インドシナからの外国軍隊の撤退」を決議。経済問題も前面に。

一九七三年九月　**アルジェリアの首都アルジェで第四回首脳会議。七五カ国参加。**「大国のエゴ」を糾弾。先進国との対決姿勢鮮明に。
一九七六年八月　**スリランカの当時の首都コロンボで第五回首脳会議。**パレスチナ解放機構（ＰＬＯ）も正式に参加、**八六カ国・組織に。**先進国支配の脱却をめざし、南北経済格差の是正を要求。「集団自助」も打ち出す。
一九七九年九月　**キューバの首都ハバナで第六回首脳会議。九四カ国・組織参加。**南西アフリカ人民機構（ＳＷＡＰＯ）が正式メンバーに。「運動の偏向」を理由に創設以来の参加国ビルマ（現ミャンマー）が脱退。
一九八三年三月　**ニューデリーで第七回首脳会議。参加国は一〇一カ国・組織に。**イラクのバグダッドで一九八二年九月に開催予定だったが、イラン・イラク戦争のため延期、開催地が変更された。ハバナ会議の「行き過ぎ」を修正、「穏健派の復権」が言われた。
一九八六年九月　**ジンバブエの首都ハラレで第八回首脳会議。一〇一カ国・組織参加。**アパルトヘイト（人種隔離）政策の南アフリカ共和国に対する経済制裁特別宣言を採択。
一九八八年九月　キプロスの首都ニコシアで外相会議。「非同盟運動の近代化」を討議。地域紛争解決への努力を強調した「ニコシア宣言」を採択。
一九八九年九月　**ベオグラードで第九回首脳会議。一〇二（カンボジアは空席）カ国・組織参加。**

（『朝日新聞』一九八九年九月一日朝刊より作成）

（３）　たとえば、一九六〇年一二月一四日、第一五回国連総会で、アジア・アフリカ四三カ国の共同提案によって「植民地独立宣言」が採択された。前文と七項目からなるが、宣言は、「あらゆる人民は、完全な自由を獲得し、主権を行使し、国土を保全する権利をもち、あらゆる形態の植民地主義は、急速かつ無条件に終結させる必要がある」とうたい、国連加盟国にこの目的を達成するための協力を呼びかけている。

なお、一九七四年一二月の第六回国連特別総会では「新国際経済秩序に関する宣言」が採択された(New International Economic Order 略してNIEO《ニエオ》という)。発展途上国に不利な現在の国際経済構造を改めることをねらいとしたもの。その内容は、㈠自国の発展のために適当と考えられる経済社会の制度の自由な採用、㈡天然資源にたいする恒久主権とその行使権の拡大、㈢発展途上国に不利な国際金融制度や交易条件の改善、㈣多国籍企業の規制と監視など、国際経済全般にわたっている。

(4) 大日本帝国憲法では天皇は強大な権限を有していた(左表)。

㈠ まず第一に、天皇は緊急勅令や独立命令などの勅令を発することができた。また天皇は陸海軍を統率する「統帥権」をもち、これについては帝国議会や内閣も関与できなかった。さらに天皇は戦時や事変にさいし、行政権や司法権を軍隊の司令官に移す戒厳令を発する大権をもっていた。このように、天皇が勅令・統帥権・戒厳令などの強大な大権をもっていたことが、軍部の独走や軍閥の台頭を招き、満州事変(一九三一年)以後、悲惨な「一五年戦争」へと国民をまき込む原因となった。

㈡ 大日本帝国憲法では、統治権は天皇が総攬《そうらん》する、と規定されていた。したがって、独立した議会、内閣、裁判所の権限行使により三権分立の形で政治をおこなう西欧流の民主政治を実現することは不可能であった。帝国議会は天皇の立法の仕事を協賛する機関にすぎなかった。天皇は勅令をだすことができ、また帝国議会の召集・閉会・停会・衆議院の解散の権限は天皇にあったから、帝国議会の地位・権限はいちじるしく弱いものであったといえる。内閣については、イギリス流の議院内閣制の規定がこの

大日本帝国憲法下の天皇の権限

天皇は統治権の総攬者（第4条）
帝国議会の協賛による立法権の行使（第5条）
法律の裁可・公布（第6条）
議会の召集・閉会・停会・衆議院の解散（第7条）
緊急勅令（第8条）
独立命令（第9条）
官制を定め官吏を任免する（第10条）
陸海軍の統帥権（第11条）
宣戦・講和および条約の締結（第13条）
戒厳令（第14条）
栄典の授与（第15条）
大赦・特赦・減刑及び復権を命ずる（第16条）

憲法にはなかった。したがって内閣は、帝国議会にたいして責任を負うわけではなく、各大臣は連帯責任ではなく、個々に天皇の行政の仕事を助けるという形になっていた（旧憲法第五五条①　国務各大臣ハ天皇ヲ輔弼《ほひつ》シ其ノ責ニ任ス）。このことが、戦前日本における政党政治の発展を阻害し、藩閥・官僚・軍閥政府の暴走を招いた。また、この憲法では枢密院が官制的に認められていたため、内閣の行政や議会政治の健全な発展を妨げた（旧憲法第五六条　枢密顧問ハ枢密院官制ノ定ムル所ニ依リ天皇ノ諮詢《しじゅん》ニ応ヘ重要ノ国務ヲ審議ス）。司法、裁判についても「天皇ノ名ニ於テ」裁判をおこなう、となっていた（旧憲法第五七条①　司法権ハ天皇ノ名ニ於テ法律ニ依リ裁判所之《これ》ヲ行フ）。

㈢　大日本帝国憲法においても次ページの表のように若干の自由権にかんする規定はあった。しかし、参政権や社会権にかんする規定はまったくなかった。ところで、旧憲法における権利保障の考え方は、西欧流の、人間が生まれながらにもち、法律によっても侵すことのできない基本的権利（人権）という考え方とまったく異なるものであった。ここでは、諸権利は主権者である天皇が恩恵的に「臣民」に与えたもの（「臣民ノ権利」）、つまり後天的な権利（得有権利）とされていた。そこで、権利保障の条文には、

「法律の留保」にかんする条項

第22条　日本臣民ハ法律ノ範囲内ニ於テ居住及移転ノ自由ヲ有ス
第26条　日本臣民ハ法律ニ定メタル場合ヲ除ク外信書ノ秘密ヲ侵サル、コトナシ
第28条　日本臣民ハ安寧秩序ヲ妨ケス及臣民タルノ義務ニ背カサル限ニ於テ信教ノ自由ヲ有ス
第29条　日本臣民ハ法律ノ範囲内ニ於テ言論著作印行集会及結社ノ自由ヲ有ス

「法律ノ範囲内ニ於テ」とか「法律ニ定メタル場合ヲ除ク外」といった留保条件(法律の留保)や制限がつけられていた。このことは、「臣民ノ権利」は、法律にもとづいてさえいればいつでも制限・停止できる、ということを意味していた。戦前の日本において治安維持法(一九二五年)や国家総動員法(一九三八年)などによって、臣民の自由や権利が大きく制限されたのはこのためである。

第二章　「法の支配」と民主主義

「リヴァイアサン」(国家)とは

日本では近代民主政治の父としてジョン・ロック(John Locke, 1632-1704)の名前ばかりが有名であるが、近代国家論のモデルを世界で最初に作ったのは、世界初の市民革命であるピューリタン革命期の政治学者・哲学者トマス・ホッブズ(Thomas Hobbes, 1588-1679)である。かれは主著『リヴァイアサン』(*Leviathan*, 1651)において、すべての人間の生命と自由を確保することを目ざして、「法の支配」を基調とする近代国家論を構築した。

ところが、これまで日本では、ホッブズはしばしば絶対君主を擁護した思想家であると誤解されてきた。理由はさまざまであろうが、かれがその主著に「リヴァイアサン」というタイトルをつけたことが誤解の原因の一つにあげられよう。「リヴァイアサン」というのは、『旧約聖書』の「ヨブ記」第四一章にでてくる怪獣の名前である。(1) この怪獣は、全宇宙の最高・最強の神につぐ存在であり、地上においては最も強いものとされている。ホッブズが国家をこの怪獣になぞらえたために、かれは、権力国家の構築を主張したとか、絶対君主の擁護者であるとか単純にきめつけられてきたものと思われる。

政治学の研究書や教科書のなかでも、こんにちの権力主義的な巨大国家を指して、かの「リヴァイアサン」のような強大な国家といった表現をよく見かけるが、かれの政治論を少しでも立ち入って読めば、こうした用語法がまったくの誤解にもとづくものであることはすぐさまわかるはずである。なぜならホッブズのいう国家最強論とは、人間が自分の生命や自由を守るために、自分たちの力を合わせて（同意・契約・「力の合成」）設立した共通権力《コモン・パワー》をもつ政治共同体＝国家《コモンウェルス》が、国王・議会・教会・ギルドなどの他の政治・社会権力よりも上位あるいは優越的地位にあることを意味していたからである。すなわち、かれの政治原理にもとづいて新しく作られた政治共同体（国家・政治社会《シヴィル・ソサイアティ》・コモンウェルス）こそが、真に全構成員の利益を代表するものであり、したがってそれは最高・最強であるべきだ、というわけなのである。憲法や政治学において、国家には主権（最高権力）がある、という表現が用いられるが、それは、本来、いま述べたような意味に解されなければならない。

さて次に、ホッブズの政治論がけっして絶対君主の権力を擁護したものでないことは、かれが『リヴァイアサン』を執筆した動機や目的からも説明できる。かれは当時の内乱《シヴィル・ウォー》（当時は革命という語はなかった)という人間の生命を危機に陥れるようなきわめて悲惨な状況を眼前にして、生命の尊重を第一に優先する立場から、いかにすれば国内平和を回復できるか、今後再びこのような内乱状態が起こらないようにするにはどうしたらよいか、と考えて『リヴァイアサン』を書いているからである。つまり、ホッブズは、絶対君主の暴政に対抗している議会派の行動のなかにも特殊利益を追い求める危険な「におい」を鋭くかぎつけていたのであり[2]、人間の生命の安全と自由の尊重をより徹底化するためには、国民の同意(契約)によって国民的総意にもとづく共通権力(主権・最高権力)を設立し(国家の誕生)、その共通権力が作る法律によって政治をおこない(法の支配)、国内の平和を確立して万人の利益を確保することを提唱していたのである。

したがって、かれの政治論のなかには、こんにちの日本国憲法にみられるような「国民主権」「平和主義」「基本的人権の尊重」「法の支配」などの近代民主主義の基本原理がみごとに定式化されていることがわかる。ホッブズは、かれの同時代人で、王権は神から授かったものであり(神権説)、人びとの同意にもとづくものではないから、王はなにものにも制限を受けないとして、王権の神格化・絶対化をはかったフィルマー(Robert Filmer, 1589-1653)のような王党理論家とは決定的に異なるのである。以上はじめに、ホッブズの主著『リヴァイアサン』が、きわめて平和的・民主的な性格をもった政治書であることを指摘して、次になぜホッブズがそのような政治論を展開し、また展開しえたのかという問題について考えてみよう。

「法の支配」(Rule of Law)とは

さて、ホッブズにおける近代国家論の生誕を考えるうえで重要なことは、イギリスには四世紀以上に及ぶ民主主義を獲得する努力の上に築かれた長い長い思想的伝統があったということである。その伝統とは、ひとことでいえば、権力の専制化を嫌い、自由を愛好するという思想風土、政治・法思想である。このような思想的伝統と背景があったればこそ、イギリスにおいて市民革命時代にホッブズ、ハリントン(James Harrington, 1511-77)、ミルトン(John Milton, 1608-74)、ロックのような民主主義思想の巨星たちが続々と輩出したのである。そこではじめに、マグナ＝カルタ(一二一五年)のだされた時代からピューリタン革命にいたるまでの約四〇〇年間にわたるイギリス民主主義の発展について概観してみよう。

前章において、近代国家成立の条件としては、国民の間に「法の支配」という考え方が広汎に普及していることが重要である、と指摘しておいた。ところで、「法の支配」というのは、法律で統治しさえすれば、それでよいということではない。イギリスのすぐれた憲法学者アルバート・ダイシー教授(Albert Venn Dicey, 1835-1922)が述べているように、その法律が国民代表的機関によって作られたものであること、またその法律が人権や自由を保障する内容をもつものでなければならないことが、「法の支配」の本来の意味である。[3] そして、近代国家においては、法律を制定するのはふつうは議会であるから、結局のところ、「法の支配」が実現されるためには、その国で議会の地位・権限がしっかりと確立されていなければならない、ということになるだろう。

このように、「法の支配」という思想は、近代議会の発展・確立と深く結びついていたのであって、したがって、戦前の日本のように帝国議会の権限がきわめて弱体であった国では、政治上・法律上も「法の支配」という用語が用いられず、またそのような思想が国民の間でほとんど語られることがなかったのも、そのためである。これにたいし、イギリスでは、中世から近世にかけて、「法の支配」という考え方と議会制度の発展とが密接に結びつき、そのような思想と制度の連合戦線の結成によって王権の専制化をたえず阻止してきたから、そこに早くから民主主義思想の伝統が形成され、民主政治の実現に向けての発展を可能にしてきたのである。

ところで、「法の支配」という考え方は、一二・一三世紀のヨーロッパ諸国において、王や貴族などの支配層の間では広く一般に普及していた思想であった。[4] たとえば一三世紀イギリス最大の法学者ヘンリー・ブラクトン(Henry de Bracton, 1216-68)は、「国王も大臣も、神の法、自然の法、この国の慣習法に従って統治しなければならない」と述べている。また封建領主たちのなかから選ばれた国王は、戴冠式にさいして、諸侯たちの前で「法の支配」を厳守することを宣誓したといわれている。しかし、もしもジョン王(John, 1167–1216)のように法を無視した政治をおこなう王がでてきたらどうするのか。これについては同じくブラクトンは、「貴族たちが国王の教師《マスター》である」と述べている。このことはなにを意味するのか。当時は、議会のような会議体がなく、したがって国王の行動を平和的にチェックする政治機関が確立されていなかったから、貴族たちの評議会による悪政にたいする忠告・勧告などが功を奏しないばあいには、最終的には貴族たちが武力によって国王を押さえ込む以外に解決の方法・手段はなかった、ということである。事実、貴族たちがジョン王に突きつけたマグナ＝カルタの第六一条⑤においては、そのような「力の行使」を認める文言《もんごん》がはっきりと述べられている。しかし、イギリスでは一三世紀末までに、貴族院(上院)・庶民院(下院)からなる議会が確立され、国王もそのメンバーであったから、以後、王国内の重要問題は議会で討議され解決されるという平和的な政治システムがしだいにでき上がっていく。

ところで、なにごとについても経験を重んじ、口頭であれ、文書であれ、約束ごとについての具体的な保障を求めるイギリス人気質《かたぎ》では、「法の支配」の遵守を国王の善意や自己抑制に期待するだけでは満足できず、そこでかれらは、イギリスにおける「法の支配」とは、議会が作られるまでは、王国の各裁判所が下した判決例であるコモン・ロー(普通法)の精神——それは、イギリス人の自由と権利を守ってきたと考えられていた——に従って統治することだ、と捉えていた。

しかし、やがて議会制度が確立・整備されてくると、「法の支配」とは議会で制定された法律(制定法)に従って政治をおこなうことだ、と読みかえていった。(6) こうして、一七世紀前半までに、イギリスでは、「法の支配」という考えが議会と結びつき、それによって王権の専制化を防止し、王権を制限する民主主義的な政治思想がじょじょに形成されていったのである。

これにたいして、フランスの「三部会《エタ・ジェネロ》」やスペインの「コルテス」のような身分制議会では、一七世紀前半までにその政治的機能がほとんどまひしてしまっていたから、それらの国ぐにでは、「法の支配」を具体的に保障する制度がなくなってしまっていた、といってよいだろう。したがって、そこでの「法の支配」は口先だけのお題目あるいは抽象的な観念論に終わってしまい、絶対君主の力がますます強大化するなかで、ルイ一四世のような「朕は国家なり《レタ・セ・モア》」という専制支配(「人の支配」)の思想が公然と唱えられるようになったのである。

ともかく、ヨーロッパにおいて、一七世紀までに議会の地位・権限がますます強化され、「政治の世界」において議会が不可欠の重要な政治機関としての座を占めるようになったのは、イギリスただ一国だけであった。一四世紀中には立法権が、一五世紀中には課税権が議会とくに庶民院(下院)にあることがほぼ確認され、こうした状況のなかで、王権は、「法」によって、さらには「議会」によって二重に制度的に制限されるという、いわゆる「制限(法)・混合(議会)王政」観が、イギリスにおいては国王派・議会派を含めてほぼ共通の政治信条となっていたといってよい。

市民(ピューリタン)革命の勃発

とはいえ、一六世紀に入ると、イギリス国王も大陸諸国家の王のような強大な権力をもつ絶対君主の地位につくことを志向しはじめた。そのため王党理論家たちによってさまざまな政治思想や法理論が構築された。たとえば、国王は自然的には国民と同じように普通の人間にすぎないが(自然的権能)、政治的な責任を負う者としては他の人びととは異なる尊厳なる存在(政治的権能)である、という国王優位論がいわれはじめた。この考え方はやがて、国王は国王の地位にふさわしい「不分離な大権」(そのような権限がなければ国王たりえない)をもっており、これらの「大権」については議会といえども嘴《くちばし》を容れることができない、という王権に一定の「聖域」を設ける法理論となって発展させられた。「大権」というのは、絶対王政時代の国王が議会に対抗するために法的に認められていた権限で、それは議会と相談しなくとも国王の自由な裁量によって決定できる権限であった。大権の内容は、立法権、課税権、条約承認権、宣戦講和の権、官吏任免権、軍事権、貨幣鋳造権など多岐にわたるが、国王権力の強大なところでは、国王がこれらの権限のすべてを握っていたのである。しかし、イギリスでは、一四・一五世紀の間《かん》に、議会がすでに立法権、課税権を握っていたから、一七世紀当時においては宣戦講和の権、官吏任免権、軍事権などが最も代表的な大権であったと考えられる。

このようにみてくると近代民主政治の歩みは、国王のもつ広汎な大権を一つひとつ議会が奪い取っていった歴史である、といってもよい。日本でも明治憲法時代には天皇にさまざまな強大な大権が付与されていたが、現在では、先ほど述べたような大権の内容は国権の最高機関である国会の権限に移され、天皇は国政には関与せず、たんに形式的・儀礼的な国事行為をおこなうにとどまる、という象徴的地位につき、国民主権主義による民主政治が確立されたのである。

さて、一七世紀に入りチューダー王朝最後の王エリザベス一世の死後、隣国スコットランドのジェイムズ六世がイングランドへやってきて即位した(ジェイムズ一世)。スチュアート王朝の始まり(一六〇三年)である。そして同年、奇《く》しくも日本では、江戸幕府が開設され、明治維新まで約二六〇年以上幕藩体制が維持されたのである。話をもとにもどすと、この国王は、いわば外国からきた異邦人であり、イギリス伝統の「法の支配」観念や「議会」を尊重する精神風土についてほとんど理解していなかったから、大陸諸国家の国王のような絶対君主論を振り回し、それにふさわしい地位を確立しようとした。こうして、チューダー王朝期まではぐくまれてきた、イギリスの政治は国王と議会の協力によってうまくとりおこなわれるとする伝統的政治信条に亀裂が生じ、国王と議会の対立抗争が急速に激化した。

ジェイムズ一世は、最初はルイ一四世ばりの神権説を唱えていたが(7)、イギリスでは神権説はほとんど受け入れられないことを悟るや、今度は、大権の範囲を無限に拡大することによって議会の権限を事実上無くしてしまおうという方向を追求し、これをめぐって国王と議会の間でいわゆる「憲法闘争の時代」が現出する。そして、ジェイムズの子チャールズ一世の大権支配の続行にたいして、ついに議会は、当時、コモン・ロー学者の第一人者といわれたエドワード・クック(Edward Coke, 1552-1634)を中心に作成したといわれる「権利の請願」(一六二八年)を国王に突きつけ「法の支配」の遵守を迫った。チャールズは「権利の請願」をやむなく承認したものの、その後は一一年間議会を開かず、もっぱら大権支配による政治をおこない、そればかりか、かれは、国王には他のなにものからも干渉を受けない「絶対的大権」があるとして、議会との対決姿勢をますます強めていった。

ところで、早くから官僚制度を整備し、それによって全国民からくまなく徴税するシステムを作り上げてきたフランスの絶対君主とは異なり、イギリス国王は議会に地方代表や都市代表を召集して財政的資金を徴収するほかなかった。議会を召集し、金銭を徴収すれば、税を負担する地主階級や都市商工業者たちがそれと引きかえに自由の保障と拡大を要求することは必然の成り行きであった。そこで国王は「議会抜き」で金銭を徴収する方法を編みだす必要があった。かれは、議会のもつ課税権はもともと大権をもつ国王が恩恵的に与えたものだと主張し、海外貿易にかんして独占や勅許という制度を設けて王室財政の確保をはかったが、このような方法はイギリス伝統の「承諾なければ課税なし」という原則に抵触《ていしょく》し、それをめぐって国王と議会との間にしばしばトラブルが発生した。

とくに、国王が、国を防衛するのは大権事項であるとして、軍備費徴収の名目で――さすがに「パン」は除いているが――ありとあらゆる物品に課税し、ついに船舶にまで課税したときに、両者の対立は頂点に達した。下院の有力メンバーたちは船舶《シップ・マネー》税拒否闘争を展開し、それは船舶《シップ・》税裁判《マネー・ケース》(一六三四―三七年)闘争を惹き起こし、世論が沸騰した。この裁判はかろうじて国王側の勝利に終わったが[8]、それはかえって議会(下院)側に断固たる反国王闘争を決意させ、それが結局ピューリタン革命の導火線となった。国王は、「危険が迫りつつある」あるいは「現に危機が存在する」と判断すれば、いつでもすきなように課税できるのであれば、これはもはや絶対専制支配以外のなにものでもなく、またそれは、新興市民階級にとって重大な脅威となった。ピューリタン革命の原因としては、商工業階級や中産階級に多いとされるピューリタンたちの「信仰の自由」の要求にたいし、国教(アングリカニズム)の遵守を強制した、国教か非国教かをめぐる宗教問題が重要なものと考えられるが、この宗教問題も結局は政治支配のイデオロギーをめぐる問題であり、さらにはこの政治問題は、課税権をめぐる経済問題に帰着するものであった。この意味でハリントンの「内乱(革命)は所有権をめぐる闘いであった」という指摘は正しい。

いずれにせよ、一七世紀前半の一連の政治・経済的利害をめぐる「憲法闘争」は、はじめてイギリス人にとって、「政治とはなにか」「権力とはなにか」という政治の本質を根底から考えさせる絶好の機会を与えた。これまでイギリスでは、国王と議会の共同統治という楽天的であいまいな政治思想が支配的であった。[9] この思想はたしかに一面では、王権を制限し、議会の権限を強化する上で役立った。しかし、資本主義が発展し、商工業階級の勢力が増大してきた新しい状況において、いぜんとして封建的性格をもった旧体制的な支配を続行することは実情にそぐわないものとなってきていた。新しい、より国民的性格をもった政治機構の再編・改革が緊急に必要とされた。

ホッブズもまたこの時代的大変動の波から逃れることはできず、とくに「船舶税事件」はかれに強烈な衝撃を与えたであろうことは容易に推測され、このころから、ホッブズはそれまで関心をもっていた歴史研究や自然諸科学の研究から政治学研究へとその重点を移していったものと思われる。その最初の政治学の作品が、ピューリタン革命の開始を告げる一六四〇年(長期議会の開催)に発表された『法の原理』である。この書物は、のちの主著『リヴァイアサン』(一六五一年)の原型をなすものであって、変革期を眼前にして政治の本質の解明に真正面から取り組んだものであった。

(1) リヴァイアサンについては、「地《ち》の上《うへ》には是《これ》と並《なら》ぶ者《もの》なし 是《これ》は恐怖《おそれ》なき身《み》に造《つく》られたり 是《これ》は一切《すべて》の高大《かうだい》なる者《もの》を軽視《かろん》ず誠《まこと》に諸《もろ〳〵》の誇《ほこ》り高《たか》ぶる者《もの》の王《わう》たるなり」（『舊新約聖書 引照付』日本聖書協会、一九五〇年第八版）と述べられている。リヴァイアサンは海の怪獣・平和の怪獣とされているが、ホッブズは、陸の怪獣・戦争の怪獣であるビヒモスの名前を、一六六八年のかれの「イングランド内乱史（一六四〇―六〇年）」研究のタイトルとして用いている。なお、リヴァイアサン、ビヒモスについては、宮田光雄『平和のハトとリヴァイアサン――聖書的象徴と現代政治』岩波書店、一九八八年、を参照されたい。

（2）　ホッブズは長期（革命）議会の初期の指導者たちが全国民の正当な代表者ではなく、長老派や商人の利益代表にすぎないとみていたようである。たとえば、『ビヒモス』（モールズワース版、第六巻、三一三―二二一ページ）の次の文章。

問（B）「この議会がイングランドを代表すべく始ったのはいつか。一六四〇年の一一月三日〔事実上の革命の開始――筆者注、以下同じ〕からではなかったか」。

答（A）「そのときには、いかなるCommonwealth〔統一的政治社会〕もなかった（なぜなら内乱が始っていたから）。人びとは、議会が呼称したCause〔古き良き大義 The Good Old Cause〕によって、反乱にかりたてられ、それがどんなに誤った考えであるかは、のちに思い知るだろう。すなわち、不平は税金〔傍点筆者、以下同じ〕にあったが、これは売買によって巨大な富をえていた人びとにとってのみ不都合であったのだから」。

問（B）「だが商人たちは、下層民たちに仕事をあたえることによってCommonwealthのなかで、もっとも有益なことをしていると思われるが」。

答（A）「なるほど、商人たちは、下層民に仕事をあたえることによって、下層民たちは、商人たちのいい値で自己の労働を売り、そこで下層民たちは、多くのばあい、かれらがSpinningやWeavingやその他自分でできるような労働をするよりもBridewell〔貧民就業所〕で働くほうが、よりましな生活ができるのであり、このことは、下層民たちがわずかな労働によって若干とくをするということを除いては、わが国のManufactureにとっては、不名誉なことである。そこで、大部分の下層民たちは、内乱によって自己の勢力を拡張せんとし、第一の推進者となるが、商人層の私利の追求のために裏切られ、最初に後悔の涙を流すこととなる」。

なおくわしくは、拙著『ホッブズ研究序説』御茶の水書房、一九八二年、所収の「トマス・ホッブズのピューリタン革命観」(一九五五年)を参照。

(3)「法の支配」観念と「議会主権論」とがイングランドにおいて接合され近代的政治理論となっていくプロセスについては、前掲書所収の拙稿「フィリップ・ハントンの「制限・混合王政」観」(一九六一年)を参照。

(4) 現代では、法といえば、立法すなわちロー・メイキング(Law Making)とイメージされるが、中世においては、国民代表的性格を有する議会のような会議体は存在しなかったから、ここでは、「法の支配」といっても、それは、神の法、自然の法、それぞれの国の慣習法のなかから、統治や裁判の基準になるものを「発見する《ディスカヴァー》」という意味であった。だから当時は、「法の支配」とは君主・為政者側の自己拘束行為に期待・依存せざるをえず、したがってもしも法を無視する支配者がでれば、貴族・諸侯たちが「力」によって押さえる以外なかったのである。

(5) マグナ＝カルタ第六一条の次の一節をみよ。「……この二五人のバロン〔大貴族たち〕は、全国の人びとともに、あらゆる可能な手段によって、すなわち、城、土地、財産の差押え、その他可能な手段によって、かれらの（適当と）判断するとおりに改められるまで、朕に苛責と強圧とを加うべきものとする」。つまり王の法律違反についてはViolenceあるいはGewalt《ゲヴァルト》（力）の行使を認めていたのである。

（6）イングランドでは、法律家や裁判官と政治家たちとが共同戦線を張って君主の専制化に対抗した。たとえば、議事決定のための「多数決」原理は、法律家のアドバイスにより裁判の手続を議会に応用したものであった。これにたいし、フランスでは、国王・三部会《エタ・ジェネロ》・裁判所がそれぞれ「主権」を主張して争い、議会と法曹界の連合戦線が張れず、しかも三部会の決定方式は全会一致制をとっていたため、事実上、有効な決定ができず、議会の機能がほとんどまひしてしまった（国際連盟における全会一致制の失敗をみよ）。ちなみに三部会は一六一四年からフランス革命までの約一七五年間開かれなかった。議会抜きの君主政こそ言葉の厳密な意味での絶対王政といえよう。

（7）ジェイムズ一世は、すでに、スコットランドの王（ジェイムズ六世）時代に『自由王政の真の法』（一五九八年）を書き、王権神授説を唱えていた。それによると、「自由王政」とは、「選挙された国王ではなく、世襲制君主をいただく、制限政体でない絶対〔法に拘束されない〕政府」であり、それゆえ「人民は国王の命令には絶対服従《ノン・レジスタンス》しなければならない」。なお詳細は、前掲『ホッブズ研究序説』所収の「ミルトンとフィルマー」（一九七五年）を参照。

（8）「不分離な大権」という法理論は一七世紀に入ってさらに「絶対的な大権」という主張にまで高められた。こうした論理は船舶税裁判《シップ・マネー・ケース》において国王に有利に判決したフィンチ、バークリ両裁判官の次のような見解のなかに要約されている。

「国王は国の防衛を委託されており、緊急時に対処しうる大権をもっている、それは国王個人に「不分離」に結合されており、国家の安全のためには思いどおりに行動しうる権限である、かれは国の危険を防ぐためにはどのような手段をもとりうる、これらの手段の一つが船舶税の課税である。もしも、そのような手段がとられなければ、国家の防衛は手おくれとなろう、そして、そのような、危険が現実に存在するか、近い将来に起こりうべき危険な状態にあるかを判断しうるのは国王だけである、したがって、危険が現にある、危険が起こりそうだというかれの断定には何人《なんぴと》も口をさしはさむことはできないのである」。

以上の論法は、要するに、現実に緊急事態が発生したときだけでなく、予想されるべき危険という名目において、国王は国の防衛のために議会に相談を求めることなく絶対権力を行使してもよいということを意味するだろう。なお、この点については、前掲書所収の「フィリップ・ハントンの「制限・混合王政」観」(一九六一年)を参照。

(9) ピューリタン革命前のイングランドでは「制限・混合王政」という政治思想が支配的であった。「制限王政」とは、国王は法(コモン・ローや制定法)によって制限される、という考え方であり、「混合王政」とは、イングランドの統治は、国王・上院・下院に集まる三身分の協同によっておこなわれる、というものであった。つまり「制限・混合王政」観とは、国王は法や議会を尊重して政治をおこなう、という政治信条を意味した。したがって、革命前のイングランドでは、大陸諸国家で盛んな国王主権論もなければ、もとより議会主権論という主張もほとんどなかった。こうした伝統的な政治思想は、国王と議会の協同関係がうまくいっている間は問題はなかった。しかし、両者の対立関係が激化すると、イングランドにおいても、国王派・議会派の双方から主権論が提起された。ホッブズ、フィルマー、ハリントン、ロックらの主権論はそうした脈絡で捉えなければならない。なお、この点については、前掲書所収の「ホッブズとハリントン」(一九五八年)を参照。

第三章　近代国家論の生誕――ホッブズ

政治を考える単位――人間(個人)

世界史上、数百年あるいは数千年に一度起こるか起こらないかというような大変動期に、偉大な思想家やすぐれた古典的著作が現われる。なぜなら、この時期にはあらゆる社会的矛盾が一挙に噴出し、思想家たちはこの諸矛盾を解決するために「事物の本質」を解明せんとし、その英知のすべてを傾けて奮闘努力するからである。ピューリタン革命はそうした知的営為の発動にとって近代初の最も重要かつ恰好の政治舞台となった。近代国家論の生誕を告げるホッブズの『リヴァイアサン』も、こうした歴史的条件を抜きにしてはけっして登場しえなかったであろう。かれは、かれ以前のあらゆる政治・法・社会・宗教思想をくまなく検討し、社会の変化を予兆する新しい諸条件の出現の下でそれまでの政治学の面目を一新するような、真に「歴史の進歩」に沿った近代政治原理の諸体系を提示した。

ホッブズは、当時、国王と議会の双方が、それぞれに政治権力のヘゲモニーを掌握するために、どちらが正統の主権者(最高位者)であるか(だれが主権者か)をめぐって死闘をくりひろげ、その結果として、一般国民を生命の危険にまでおとし入れることになった悲惨な内乱状態の発生を眼前にして、国内平和の早急な回復と恒久平和の確立とを求め、そのために「政治の本質」を原理的かつ徹底的に究明する必要性を痛感した。

ところで、両派の理論家《イデオローグ》たちは、歴史や先例をあれこれ引用しては、自党派に有利な証拠をあげ、もっぱらみずからの正当性を論証しようと努めていたが、そのような党派的立場の強調はしばしば、かれらの政治を考察する眼を曇らせ、局限させる結果になってしまった。歴史的にみれば、議会派の立場を弁証することが「進歩」の方向に沿うものであったろう。なぜなら民主主義思想家と呼ばれるハリントン、ミルトン、ロックらも絶対王政を否定し、明確に議会側の立場を宣明しつつ、その政治論を展開しているからである。だがホッブズは、かれらとは異なり、いずれの立場とも一定の距離をおいて、(1)生命の尊重こそが人間の幸福実現にとって最重要であるとして、そうした目的を実現するためには、一国において「一つの権力(権威)」、「一つの法(法律)」をもつ統合的な政治システムが確立されるべきである、という観点からその政治論を組み立てていった。

このような方法をとったことは、当時、「進歩」を代表していた議会派に積極的に与《くみ》していないという点で、一見ホッブズは近代思想家といえないではないか、という疑念を抱かせるかもしれない。しかし、前章でも述べたように、ホッブズは、当時のイギリス議会でさえも特殊利益の代表者にすぎず、イギリス人民全体の利益を真に代表しえない政治組織であるとして、それに不満を感じていた。だからこそ、かれは、全人民の利益を実現し保障できる政治原理とはなにかという、より高次の立場から政治の本質を解明し、それゆえに狭い党派的立場に立つことを意識的に拒否し、それによって、かえってかれは、その後の近代国家全体に通じる普遍的な政治原理を発見することができたのである。事実、かれ以後のハリントン、ロック、プーフェンドルフ(Samuel Freiherr von Pufendorf, 1632-94)、スピノザ(Baruch de Spinoza, 1632-77)、ルソー(Jean-Jacques Rousseau, 1712-78)、スミス(Adam Smith, 1723-90)、ベンサム(Jeremy Bentham, 1748-1832)らの自由主義的国家論はすべてホッブズの政治思想にその源流をもち、その意味で近代政治思想の系譜を考察するばあいには、「ホッブズ以後《ポスト・ホッブズ》」つまりホッブズを無視してはほとんど語ることができないといっても過言ではない。(2)

さて、国王と議会のいずれをも擁護する立場をとらず、人間の「生命の尊重」に基点をおいて新しい政治学を構築しようとすれば、そのさいには、当然のことながら、「政治社会」(コモンウエルス=国家)結合の基本単位である人間それ自体を分析の対象とすることにならざるをえない。こうしてかれの政治学的方法は「人間の本性《ヒューマン・ネイチャー》」そのものの分析に向かい、そこではまず人間にとっての「最高の価値」とはなにかという考察がなされ、そこから政治の本質や目的が検討されるということになる。それまでの政治学では、アリストテレス、イタリアのマキアヴェリ (Niccolò di Bernardo Machiavelli, 1469–1527)、フランスのボダン (Jean Bodin, 1530–96) などの著作が思想家たちの間での教典とされていたが、そこでの政治考察の基本単位はせいぜい「家族」どまりにすぎなかった。そのことは、当時においてはいまだ人間つまり個人が政治の主体者として完全には認められていなかったことを意味する。したがってホッブズが、政治の基本単位を人間あるいは個人と定め、そこから政治の考察をはじめたことは、古代から近代にいたる政治学の発展史上画期的なことがらであったといえようし、そのことはまた、一七世紀におけるイギリス民主主義の発展がかなりの程度成熟してきていたことを示す証左であるともいえよう。

ところで、こうしたホッブズにおける人間分析の方法には一つには、それまでかれが長年にわたって関心をもち続けてきた数学・物理学・生物学などの新しい自然科学についての研究成果が十分にとり入れられているといえようが、もう一つ忘れてならないことは、かれがとくに古代ギリシアのエピクロス (Epikuros, B.C. 342–271) の感覚論的人間観・唯物論哲学・契約論的政治学などからもきわめて多くのことを学んだ形跡が顕著にみられる点である。(3) 封建思想から近代思想への大転換期にあたって、ホッブズが、当時、政治的社会的に決定的な影響力を行使していたキリスト教会による非科学的な自然観・人間観・社会観などと対決するために、キリスト教登場以前のギリシア時代の政治・社会思想を媒介にしてその理論的転換をはかったという事実は、近代思想を構築する上でギリシア思想がいかに巨大な影響を与えていたか、またイタリア・ルネサンスが近代史上いかに重要な意義をもったものであるかをあらためて確認しえて、はなはだ興味深い。ホッブズの人間論や国家論がまったく世俗的・合理的な性格をもちえたのは、まさにいま述べたような自然科学とギリシア思想に範をとった学問方法の採択によるものである。そして、そのような人間や国家についての世俗的解釈が、かれにたいして、危険・邪悪な思想家、無神論者、唯物論者、快楽主義者というレッテルを論敵たちがはりつけ、また教会側がかれに激しい攻撃を加え嫌悪の情を示した理由でもあった。

生命の尊重――自己保存《セルフ・プリザーヴェーション》

大著『リヴァイアサン』は四部から構成されている。第一部は「人間について」（「人間論」）、第二部では「コモンウェルス（政治共同体・国家――当時は、国家をあらわすステートという言葉はほとんど用いられなかった。クロムウェルが共和国を宣言したときに、フリー・ステートという言葉がわずかにみられる）について」（「国家論」）、後半の第三部・第四部では、旧約の時代には神の主権の絶対性が守られ「神の王国」が安定していたが、新約の時代に入るとしだいにキリスト教会が、異教徒や非国教徒にたいし、破門やさまざまな残虐な刑罰を加えて改宗・回心を迫り、それによってこの世はまったく非人間的な社会状態を現出するにいたった、という経過が述べられている。要するに、当時のキリスト教会批判である。したがって、本書は全巻、近代初の「人間の、人間による、人間のための」政治原理の確立をめざすための方途を模索した画期的著作であったといってよい(4)。

そこでまず、かれの人間論からみてみよう。ここでかれは、エピクロスにならって人間の認識はすべて感覚にはじまるとし、その感覚は運動する粒子の作用・反作用によって起ること、人間の生命活動は、心臓の鼓動、血液の循環、呼吸運動をみてもわかるようにしばしも止《や》むことがない運動によっておこなわれていることなどをあげ、人間を自然と同じく運動する物体として捉えている。このことは、人間を「神の子」として捉え、それゆえに教会や神の代理人としての君主に絶対服従することを強制していた当時の宗教的既成概念《エスタブリッシュメント》や政治的支配思想にたいする大胆な挑戦を意味した。この地点から、かれは、生命活動を助長する行為は「善」、その逆は「悪」とし、政治の善・悪はすべて自己保存(生命の尊重・維持)の立場から判定すべきである、という政治原理を導出した。このような思想は、人間の生命の尊重や自由の伸張をはかるさまざまな基本的人権を保障する政治は「善政」、人権を侵害する政治は「悪政」とする現代民主主義思想におきかえてみれば、よりいっそう身近なものに感じられるであろう。もっとも、こうしたホッブズの道徳論は、「精神主義」を重んじた戦前のドイツや日本では「快楽主義」と呼ばれ、はなはだ不評を買った学説であったが、かれの生命の尊重に基点をおく「善悪判断論」は、のちのベンサムとともにじつは基本的人権思想の原点をなすものであったことを忘れてはならない。

自然権——自然状態

さて『リヴァイアサン』冒頭部分において、ホッブズは、人間にとっての最高価値を生命の尊重=自己保存と定めたのち、つぎには、人間と人間が交わるあるいは相互に結びつく二つの状態——自然状態と社会(国家)状態——について考察をすすめる。なぜなら人間は孤立しては生きていけず、必ずなんらかの社会関係を結んで生活を営んでいるからである。ホッブズによれば、歴史の最初の段階は、法律も政府も国家権力ももたない、それゆえに、自分の生命は自分で守るほかない「自然状態」として描かれている。そして、かれは、自分の生命は自分で守る権利のことを「自然権」と呼んでいる。この自然権という思想こそが、こんにちの憲法や政治学などでよくいわれる「生まれながらの権利」すなわち基本的人権思想の原型をなすものといえよう。「自然状態」における人間は、自分自身のあらゆる行動の判定者・裁判官であるから、その意味で「自然状態」における人間は完全に「自由」である。「権利」とはすなわち「自由」であるという言い方は、これに由来する。

このように、「自然状態」においては各人は完全な自由を有しているが、もしも、飢饉や風水害などにより食糧が不足したようなばあい、各人が生きのびるために「自然権」を行使すれば、そこに恐ろしい「殺し合い」の状態が出現する。このような状態の発生をホッブズは有名な「万人の万人にたいする闘争状態」あるいは「人の人にたいする狼」(エピクロスの言葉)として描いている。

もしも、近代国家の内部でA地方において飢饉が発生すれば、他の諸地方からただちに食糧を送り、全国民が一致協力して同胞の生命の安全に努め、また政府が治安の維持をはかることも容易であろう。しかし「自然状態」においては、個人か集団の暴力的略奪行為によって決着をつけるしか、ほかに方法はないであろう。それではせっかく各人が自然権を有していたとしても、かえって生命の危険を招くという悲惨な状態が発生する。

そこで問題はこうである。人間が自然状態に有している生命を守る権利=自然権や自由をそのまま維持しながら、しかも生命の危険を招く闘争状態を防止し回避するためにはどうすればよいか。これにたいする解答が、ホッブズの「(社会)契約」にもとづく近代国家設立の要請であった。したがって、「自然状態」とか「万人の万人にたいする闘争状態」とかいう言葉は、あくまでも人間を社会(国家)状態へと導くための論理操作にその主眼があったと考えるべきである。この点を見落すと、ホッブズすなわち好戦主義者、といったような短絡的で誤った解釈に陥ることになる。

近代自然法の形成

では人間はどのようにして危険がたえずつきまとう自然状態を脱出することができるのか。くり返しいうが、ホッブズによれば、人間にとっての最高の価値は「生命の保存」にある。いかなる状態の下にあっても、人間はだれしも快適にかつ安全に生きたいという欲求をもち、そのために、つねにいかに行動するのが「最良の選択」であるかを考え、かつ判断を下す。そこでホッブズは、このような自己保存のための最良かつ最終的な欲求つまり最後の欲求＝最良の選択基準を「理性」と呼ぶ。そして、ホッブズは、そのような「理性」によって発見された「戒律」または「一般法則」を「自然法」と名づけている。

かれは『リヴァイアサン』のなかで一九の自然法をあげているが、第一の基本的自然法は、生命の安全をはかるために人びとは全力をあげて平和を確保せよ、というものであった。そして、第二の自然法においては、平和を確立するために必要だと思うかぎり、各人は自然状態においてもっている自然権を捨てよ、と述べている。したがって、ホッブズにとっては、自然状態を意味する戦争は絶対悪であり、かれは世上しばしばいわれているような好戦主義者などでは断じてない。第三以下の自然法の内容は要するにすべての人間の自己保存にとって必要な条件を列挙した

ものであり、それらは、聖書の「十戒」や現在の基本的人権の諸条項に相似《あいに》た内容をもったものである、といえよう。(5)

こうした「自然法」の定義によって、ホッブズの自然法は、俄然《がぜん》、近代的性格を帯びるものとなった。なぜか。自然法という思想自体は、もともとは古代ギリシアの時代から存在していた。たとえばストア学派では、自然法とは一つは宇宙・自然の法則、一つは人間がよりよく生きるために守るべき倫理的「規範」と考えられていた。そして人間はこれらの自然法に従って生きていけばそこに幸福で安全な生活が保障される、とされていた。またキリスト教社会に入ってからは、『聖書』に述べられている「神の言葉」あるいはその代行者を自称する「ローマ教皇やカトリックの高位聖職者たちの教え」が自然法と同一視され、そのほかにも古来のすぐれた学者たちの教説などが自然法の内容と考えられていた。つまり、ホッブズ以前の自然法はすべて、人間の意志とは無関係に存在するいわば外在的な「法則」あるいは「規範」であった。

これにたいし、ホッブズ自然法の内容は、人間が平和に安全に生きる自己保存(自然権)の条件として、人間の欲求それ自体から導出されたものであった。ここに自然法は、「外在的なもの」から「内在的なもの」に転化され、自然法の内容はあくまでも人間を中心に考えられたすぐれて主体的な性格をもつものとなった。自然権思想が自然法の中心にすえられ(自然権の圧倒的優位)、それゆえに、イタリア生まれの自然法研究の世界的権威ダントレーヴ(Alexander Passerin D'Entrèves, 1902-85)が「コペルニクス的転回」と呼んだ近代自然法思想がここに出現した。

社会契約――国家《コモンウェルス》の設立

さてこのように自然法の内容を確定したのち、いよいよホッブズは新しい政治社会＝国家の構築にとりかかる。かれによれば、人間が自然状態にとどまるかぎり、戦争・内乱・紛争の危険性とそれによる生命の危険がたえずつきまとう。この状況を回避するために、「理性の戒律」＝自然法は人間にたいして、各人がその自然権を捨て、自分の生命を守るために一つの「共通権力《コモン・パワー》」を形成するような契約を結び、その「共通権力」の下で安全に生きよと教えている、とホッブズはいう。以上のホッブズの言葉には、近代国家の特質や性格を考える上での重要な意味が含まれている。

まず第一に、「自然権を捨てよ」とはどういうことか、である。もちろん、自分の生命を守る権利までも捨てよ、とホッブズがいっているはずはない。それではそもそも国家(政治社会)を形成する意味がないからである。とすれば、「自然権を捨てよ」とは、人間が自分の力のみで自分の生命を守る方式をやめて、「共通権力」の下で安全に生きる方式を選択せよ、またそのためには、各人のもっている武器を捨てよ、ということである。前述したように、近代国家においては、人は丸腰のままで生活しており、それでも安全である。明治維新直後、武士階級は廃刀令によって刀を捨てた。そのかわりに、維新政府は法律によって全成員の生命とその安全を守ることを約束した。したがって、ホッブズの自然状態から社会(国家)状態へ飛躍せよという思想は、暴力の影がたえずつきまとう無政府状態にかわって、平和的な「法の支配」する国民生活の保障へと転換することを目ざした近代国家論の出発点をなすものであった、といえよう。

次に、「共通権力」の意味である。人間社会においては少数者の力よりも、多数の者が力を合わせたほうが当然のことながらはるかにその力は強く、自己保存は確かなものとなる。さらに、全構成員が自己保存のために「力」を合成して作った政治社会(国家)のほうが、国王権力や議会権力、あるいは教会、組織やギルドやカンパニー(企業)などの諸集団よりもその力が強い。ホッブズは、契約によるこの全構成員の「力の合成」を「共通権力」と呼んでいるが[6]、これこそが、最強の権力(リヴァイアサン)つまり最高権力=主権である。したがって、この「共通権力」=「力の合成」という考え方は、のちにルソーの『社会契約論』にもみられるように、こんにちの国民(人民)主権の原型をなすものといえよう。社会契約によって、一つの政治共同体に、全構成員の生命の安全を保障するための一つの権力(権威)が設立されたことをもって、ホッブズは、国家《コモンウェルス》誕生の指標としている。国家には主権がある、また、主権は最高・唯一・絶対であるという概念・定義はこの意味に解されねばならない。

ホッブズ国家論の近代的性格――主権者の行為の限界性

ところで、人びとが契約を結び、「共通権力」(主権)を設立したとしても、それだけでは政治社会＝国家は運営されない。そこで契約を結ぶと同時に全員の「多数決」によって、「共通権力」設立の目的を遂行するための代表としての「主権者」が選ばれる。この手続が完了したとき、事実上、国家《コモンウェルス》が誕生したといえる。(7) ホッブズによれば、主権者の数は一人でも少数の会議体でもよい。当時の状況からみて、そうした主権者としては、新しい国王(当時、チャールズ一世は処刑されていたから)、クロムウェル(当時、かれが事実上の主権者であったから)、議会にかわる新しい会議体(当時は五、六十名の下院議員しかいなかった)などがホッブズの念頭にあったのかもしれない。

しかし、ここで重要なことは、主権者の数ではなく、主権者たるものが、契約者全員が「力を合成」して作った統一体としての「共通権力」の一致した意志を真に「代表」しうるかどうかという点にある。(8) すなわち、主権者が全成員の「代表」である資格をもつということは、かれが、全成員の利益を守るために、すぐれた法律を制定し、正しく法律を執行し、公正な裁判をおこなうように配慮することを義務づけられている、ということを意味する。この「代表概念」こそ、すべての近代国家における政治運営の基本概念であることは、いまさら指摘するまでもあるまい。そこで、主権＝「共通権力」は、ルソーの「一般意志」と同じく最高・絶対・唯一不可分であるが、代表たる主権者（いま風にいえば政治の衝《しょう》にあたるもの）の行為にはおのずから限界がある、ということになる。

ホッブズは主権者の行為の限界を指摘した例をいくつかあげているが、たとえば重要なものとしては、自然法（自然権）の内容に反する市民法（各国ごとの法律）を制定することは無効である、という言葉がある。ここには、「実定法」の背後に、生命を尊重し、自由を保障せよ、というイギリス伝統の「法の支配」観念が鋭く眼を光らせ、「悪法」の出現を監視する精神が働いている。この点、ホッブズの法思想は、法律という形式さえとっていればいかなる法律も合法的であり服従しなければならないとしてきた戦前のドイツや日本に色濃くみられた悪しき法万能主義とはまったく無縁である。だからこそホッブズは、主権者の定めた法律や命令には国民は反抗してはならない、と言い切ることができた。この文言《もんごん》を指して、ホッブズの思想は絶対主義的であるとの批判がしばしばなされてきたが、主権者は全国民の意志を代表すべき存在である、とホッブズが考えている以上、代表の意志はすなわち全構成員の意志であるから、それに積極的に従うことこそ「社会契約」の精神に沿うものであろう。

とはいえ、たとえ主権者の命令であっても、「自己保存の原理」からして、それに反抗できる例外があることをホッブズは認めている。たとえば、戦場におもむくことを命ずる主権者の命令にたいしては、理由はさまざまであれ、それに異議があるときには従わなくてもよいとか、あるいは死刑囚といえどもチャンスがあれば逃亡してもよいとかの発言がそれである。この趣旨はあくまでも「人命の尊さ」を主張しようとしたものと思われるが、前者については、近代以降ますますその数を増し、その規模が拡大していった悲惨な戦争の歴史を考えれば、サン＝ピエール(Abbé de Saint-Pierre, 1658-1743)やカント(Immanuel Kant, 1724-1804)の平和思想や現代の英米における良心的徴兵忌避の思想につながるものとして、また後者については、死刑廃止論にもつながる思想として見逃しえない貴重な提言であったといえよう。

ところで、ホッブズにかんしてはもう一つ批判の種となる文言がある。それは、かれが、主権者には「強い力」を与えよ、と述べていることである。このため、かれはしばしば絶対君主の擁護者に擬せられてきた。しかし、この言葉は、人びとが契約を結びようやく平和で安全な生活を確保できたのに、そうした契約に軽々に違反する行為をすれば、再びもとの自然状態に逆もどりすることになり、人類は悲惨な状態におかれることになるから、そうした行為の発生を防止するために代表たる主権者に制裁力を与えよ、という意味であって、絶対君主や独裁者のような恣意的な権力行使をホッブズが容認したものでないことはいうまでもない。

以上みてきたように、近代国家においては、いかなる政治社会においても「権力」と「自由」、

「国家」と「個人」の矛盾・対立をめぐる問題が宿命的につきまとうものである。ホッブズはこのことを十分に承知していたから、主権者の権力行使にもまた全構成員の行動にも自然権（自己保存）、自然法の原理にもとづく行動基準という精神的外枠をがっちりとはめ、それによって一方では権力の逸脱を、他方では各人の不当な契約違反行為を防止し、平和的な政治社会の維持を実現することによって国民生活の安定を確保しようとしたものと思われる。

ところで、そうした自然権・自然法思想にもとづく統治者と被統治者の両方にかかわる近代政治意識の形成にとって最大の障害になるとホッブズが考えたのは、当時の宗教諸勢力のふりまく非合理主義的な教義や現実政治への不当な干渉であった。事実、宗教教義の正統性をめぐるたえざる闘争は政治的内乱を惹き起こした重大要因の一つであった。宗教的闘争に終止符を打たせ、合理的な自然法の原理にもとづく人間の主体性を前面に押し出すための政治社会＝国家の構築が当面の急務であった。

そこでホッブズは、いかなる宗教党派といえども、「イエスはキリスト（救い主）である」という一点においては異存はないはずであるから、教義や教会組織論についての違いはさまざまであろうが、この一点において諸宗教党派は和解せよ、と説く。このことは、信仰にかんしては個人の「内面的自由」を認めよと、つまり「宗教の自由」を事実上説いていたことを意味する。[9] この「宗教の自由」という考えは、一九世紀中葉のJ・S・ミル（John Stuart Mill, 1806–73）の『自由論』(一八五九年)などによってようやく明確化されることになるだけに、ホッブズの思想の革新性にいまさらのように驚嘆させせられる思いがする。

続けてホッブズは、さらに近代国家成立要因の中心テーマともいうべき「宗教からの国家の解放」を示唆する発言をしている。その部分でホッブズは、キリスト(救い主)がこの地上に再臨するまでの間、神は人間にたいして自然法を与え給い、それにもとづいて安全に生き延びよと述べているとして、そのためには、自分がこれまで示してきた自然法についての学説をよく学び理解すべきである、と『リヴァイアサン』末尾において人びとに呼びかけている。[10] このことはいったいなにを意味したか。

この言葉は結局のところ、「キリストはまだこの世に現われていない」から「キリストが再臨するまでは」、人間は自己保存の原理にもとづく、純粋に世俗的・合理的な自然法思想によって生きていくべきことを人びとに伝えようとしたものといえる。[11] 宗教がいまだ絶対的な力をもって支配していた時代において、このような言葉はなんという大胆不敵な発言、しかし、まことに巧妙に仕組まれた論理ではないか。そして、このようなきわめてラディカル(原理的)な思想によってのみ、ホッブズは、「政治の世界」における人間の主体性を確立するドラスティックな作業をよく遂行できたのであり、生命の尊重を基点におく真に近代的な国家論のモデルを提示しえたのである。

（1） ホッブズは『リヴァイアサン』の序説に先立つF・ゴドルフィン氏への献辞のなかで次のように述べている。「……一方の側ではあまりにも大きすぎる自由を、他方の側ではあまりにも多すぎる権威を主張する人びとから攻撃されるということになれば、この両者の間を無傷のまま通り抜けることは困難だからであります。……またわたくしは、現に権力をもっている人びとについてではなく、（抽象的に）権力の座《シート》について語っているのであって……」。以上の言葉から、ホッブズが議会の側にも、国王の側にも与《くみ》せず、つまり、どちらに主権があるかを特定することではなく、政治社会《コモンウェルス》において、「一つの権力（権威）」が確立されることが、全国家《コモンウェルス》構成員の自由と安全の確保のためになぜ必要であるかを論証しようとしていたことをしる。

（2） たとえばスピノザの『神学・政治論』（一六七〇年）や『政治論』（一六七七年、遺稿出版）は、ホッブズの『市民論』（一六四二年）、『リヴァイアサン』（一六五一年）を参照して書かれたもの、といってよい。さらにルソーの『社会契約論』（一七六二年）の「一般意志論」は、スピノザの政治論を通じて、ホッブズの「共通権力論」（「力の合成論」、「社会契約論」）からヒントを得たものと思われる。なぜなら、スピノザの論稿にはホッブズのいう「力の合成」や「マルティテュード（群衆）論」が引用されているからである。ちなみに、ホッブズの「力の合成論」や「群衆から公民へ」という考え方は、キケロ（前一〇六—前四三年）の政治論から学んだものと思われる。「それでは、国家とは国民の物である（傍点筆者、以下同じ）。しかし国民とはなんらかの方法で集められた人間のあらゆる集合ではなく（それをキケロは群衆状態と呼んでいる——筆者注、以下同じ）、法についての合意と利益の共有によって結合された民衆の集合である。民衆の集合の第一原因は、一人では無力であることよりも、むしろ人間に生まれつきそなわる一種の群居性と言うべきものである」、「民衆の集合である……国民の物である国家は、永続するためには、ある審議体〔立法部〕によって治められなければならない」(「国家について」(第一巻、二五・二六節)、『キケロー選集8』岡道男訳、岩波書店、一九九九年)。以上の思想の継承関係については、拙稿「近代精神の父キケロについて考える――「ルネサンス」・「宗教改革」・「市民革命」とのかかわりで」(『歴史と神学』下巻、聖学院大学出版会、二〇〇六年、所収)を参照のこと。

(3)　エピクロスとホッブズのつながりについては、ホッブズの親友であったフランスの物理学者・数学者・哲学者P・ガッサンディ(Pierre Gassendi, 1592-1655)を媒介にしているように思われる。ガッサンディは、エピクロスの思想を中世に伝えたルクレティウス(Titus Carus Lucretius, B.C. 94?-55)の『事物の本性について』の研究者であり、ホッブズはガッサンディを通じて恐らくエピクロスの人間論や政治・社会観を学んだのではないか。なぜなら感覚的人間把握から自然状態・自然法・社会契約による国家の設立へのプロセスは、エピクロスとホッブズのばあいほとんど同じであるからである。ただエピクロスにおいては、自然状態が平和状態である点でホッブズと異なる。

(4)　『リヴァイアサン』の第一部・第二部は、ギリシア(エピクロス)・ローマ(キケロ)時代の政治・社会思想を、第三部・第四部は、カルヴァン主義を基調にしてカトリックの思想と教会制度を批判したものので、その意味では、ホッブズの政治思想は「ルネサンス」と「宗教改革」の精神を接合したものであるといってよいだろう。ホッブズは中世的・封建的な政治思想を克服するためには、ギリシア・ローマの共和主義的民主主義思想やその継承思想としての「ルネサンス」の精神を借用し、中世のカトリック思想を全否定するためには、直近の「宗教改革」の思想的中心である「カルヴァン主義」を採用したものと思われる〔拙稿「ホッブズにおける「政治と宗教」(国家と教会)――「ルネサンス」と「宗教改革」の精神の接合」『聖学院大学総合研究所紀要』第三四号、二〇〇六年、所収〕。

(5) 第一の自然法をホッブズは基本的自然法と呼び、その内容としては、「各人は、平和を獲得する望みがあるかぎり、それに向って努力すべきである」というものである。第二の自然法は、「人は、他の人びともまたそうであるばあいには、平和と自己防衛のためにそれが必要だとかれが思うかぎり、すすんですべてのものごとにたいするかれの権利を捨てるべきであり……というのは、各人がその欲するままにあらゆることをおこなうこの権利を保持するかぎり、すべての人びとは戦争状態におかれるからである……」(『リヴァイアサン』第一四章)。第一と第二の自然法は、人びとに自己保存のために平和を獲得するように努力すべきこと、そのためには自然権を捨てることをすすめたものである。この原則に立って、人びとは契約を結んで共通権力《コモン・パワー》を形成し(力の合成)、共通権力を代表する者(主権者)の制定する法によって平和で安全な生活を保障する「法の支配」にもとづく政治社会(国家)を確立せよ、というのがホッブズの国家形成の骨格でありまた目的である。

(6) ルソーの「一般意志」=主権はホッブズのいう「共通権力」=力の合成にほかならない。なぜならルソーは、一般意志は社会契約によって集合した「力の総和」である、と述べ、またかれは、そのような「共同の力」は各構成員の身体と財産を守るように一致して動く原動力である、と考えていたからである。

(7) ホッブズは、コモンウェルス(国家・政治社会)の生成(『リヴァイアサン』第一七章)について次のように述べている。「人びとを、外敵やかれら相互間の侵害から守り、それによって人びとがみずからの労働と土地からの収穫物でその生命を支え、快適な生活を送ることができるように保護してやれる共通権力を樹立するための唯一の道は、かれらのあらゆる権力と力とを、多数決によって、すべての意志を一つの意志とすることができるような一人の人あるいは合議体に与えることである。それは一人の人あるいは合議体を任命して、かれらの人格をになわせること、または、そのようにかれらの人格をになうものが、共通の平和と安全にかんすることがらについておこないあるいはおこなわせるすべてのことの本人は自分である、と各人が承認すること、といっても同じである。……このことがなされると、この一人格に統一された群衆〔強調は筆者、以下同じ〕は、コモンウェルス——ラテン語ではキウィタス——と呼ばれるのである。これが、かの偉大なリヴァイアサン……あの可死なる神の生成であり、われわれが不死なる神のもとで、〔国内の〕平和を維持し、〔外敵から〕防衛されているのは、この可死なる神のおかげなのである。というのは、コモンウェルスに住む各人が与えたこの権威によって、かれは、その付与されたきわめて強大な権力と力とを利用でき、その威嚇によって、すべての人びとの意志を、国内の平和を維持し団結して外敵に対抗するようにしむけることができるからである」。

またホッブズは、コモンウェルスを定義して、それは「一つの人格であって、群衆のなかの各人が相互に信約を結び、各人をことごとくその人格の行為の本人とした——そのようにしたのは、……人びとの平和と共同防衛に、全員の力と手段を利用するためなのだが——ものなのである」と述べ、さらに「この人格をになう者が主権者と呼ばれ、かれは主権をもつといわれ、かれ以外のすべての者が、かれの臣民なのである」と述べている。

ここで、人格《パースン》という言葉がさかんにでてくるが、ホッブズによれば、これはラテン語のペルソナ(Persona)すなわち舞台上の人間の扮装や外観をあらわし、ときには仮面や覆面のように顔を仮装する部分をあらわす、と述べている。そして、そこから転じて、人格とは代表あるいは代表者を意味するものとしている(『リヴァイアサン』第一六章)。したがって、ホッブズによれば人格をになう主権者とは、全構成員の意志を代表する者ということになる。こうしてホッブズによって、はじめて近代的な意味での代表概念が理論化されたといえる。そして、こんにちの議会制民主主義における権力の正当性原理は、この代表概念を根拠としてなりたっているのである。

(8) ホッブズは、人びとが契約によって社会を構成しただけではまだそれは「群衆」(マルティテュード)の状態にすぎない、そこに多数決によって主権者(代表)が選ばれてはじめて「政治社会」=国家(コモンウェルス)が誕生したという(『リヴァイアサン』第一部・人間論、第一部第一六章の「群衆はいかにして人格となるか」をみよ)。そして、この「群衆」が『一つの人格』(代表者)をもつ重要性の指摘については、キケロからヒントをえたものといえる。また、スピノザの「マルティテュード」概念はホッブズの「群衆」論を受け継いだものといえよう。

(9) ホッブズは『リヴァイアサン』第三部「キリスト教のコモンウェルスについて」の最終章第四三章において、現在、宗教諸派のあるものは、自分たちが救世主《キリスト》の代行者であるかのように主張し、聖俗両面にわたっての支配を要求し、そのためにいつ果てるともわからない闘争をくりひろげているとして、「聖書が救済のためにこれだけは必要だとしている(必要な唯一のもの)、信仰の唯一の個条は、つぎのこと、すなわちイエスはキリストである」とし、各宗派はこの一点において和解する道を求めよ、と述べている。このことによってホッブズは、信仰の問題を内面化し、政治的主権者(かれがキリスト教徒であれ、不信心者であれ)の下での「宗教の自由」を承認し、平和と安全な生活の確保を求めよ、という近代的な政治論を展開していたのである。

(10) イエスは救世主(キリスト)である、という意味は、ホッブズによれば、キリストの再臨までは、たとえ不信心の王の下であれ、キリスト教徒は諸法に服従するように良心において義務づけられている、ということである(『リヴァイアサン』第三部、第四三章)が、ではキリストが再臨するまでの間、人間はどう行動するのか。その解答が、ホッブズのいう自己保存・自然権・自然法によって平和と安全を確保する、ということである。キリストの再臨という論理を用いることによって、実はホッブズは、人間社会のことについては、人間は人命の尊重(人権)という原理によって政治組織を作り、主体的に安全を確保せよ、という恐るべき近代的論理を人びとに教えていたことになる。

(11)「結論すれば、この論究〔『リヴァイアサン』〕全体のなかにも、わたくしが以前に同じ主題についてラテン語で書いた論究〔『市民論《デ・キウェ》』〕のなかにも、わたくしが考えうるかぎり、神の言葉にも善良な風俗にも反するものはなく、また公平の平穏をみだすものもない。したがって、わたくしは、それが印刷されるのが有益であるだろうと思うし、そして、大学において判断を下す地位にある人びとが、やはりそのように考えるならば、諸大学で教えられるのがきわめて有益であろうと思うものである」(『リヴァイアサン』「総括と結論」)。

第四章　近代的制度観と人権――ハリントン

制度と人権

こんにち、「民主政治が実現されている」といわれるときには、フランス「人権宣言」第一六条にも示されているように、その国において、一つは人権が十分に保障されていること、一つは民主的な政治制度(機構)が確立されていることが重要な指標となる。現代国家の憲法が、「人権保障」と「統治機構」の二本の柱を内容にして構成されているのはそのためである。

ところで、この「人権」と「制度」という民主政治の基本概念が相互に密接な関連性をもって歴史上明確な形で現われたのは、いうまでもなく一七世紀イギリスの市民革命期においてである。人権思想にかんしては、ホッブズが自己保存(生命の尊重)・自然権・自然法思想を機軸にしてその大綱を作り上げ、それを国民主権主義(社会契約)という政治原理に結びつけた。しかし、いかに「人権」や「自由」が大事であるといってみても、それだけでは、なんらそれらを保障したことにはならない。それらを保障できるなんらかの具体的な制度やルールを設けることが必要である。たとえば前々章でも述べたように、いくら国王が「法の支配」を守って政治をおこなうと口約束しても、その誓約を無視したばあい、だれもかれの行為をチェックすることができないからである。そこでイギリスでは、議会制度という外的機構を設けて国王権力の専制化を防ぐ方法を採った。このように「民主政治の母国」といわれるイギリスでは早くから民主的な制度を確立することの重要性が認識されてきたが、そうした制度観を議会制度だけでなく、「政治の世界」のすみずみにまで及ぼして真に民主主義的な政治制度を確立しようとしたのが、ホッブズの同時代人ジェイムズ・ハリントンである。

こうして、一七世紀の市民革命期に、イギリスは世界にさきがけて、「人権」と「制度」にかんする二大思想家ホッブズとハリントンを生みだした。ちなみに「民主政治の父」と呼ばれるロックは、次章で述べるように、ホッブズの近代自然法にもとづく人権思想とハリントンの民主的制度論の二つの思想を自己の理論のなかに存分に取り入れかつそれらを巧みに組み合わせて、こんにちの議会制民主主義を基調とする市民政治理論の原型を作り上げていったのである。われわれが日常的によく口にする代表(代議)制、権力(三権)分立制、議院内閣制、大統領制などは、ホッブズ、ハリントン、ロックなどの政治思想にもとづいて、政治権力の専制化を防止し人権や自由をよりよく保障するために考案された代表的な政治制度のモデルである。

ところで、われわれ日本人の間ではどうもいま述べたような制度やルールにたいする認識＝制度観がはなはだ弱いのではないかと思われる。なるほど、日本の政治においては、「腹芸」、「玉虫色」あるいは「阿吽《あうん》の呼吸」といったような用語が盛んに登場してきて、事態の本質を曖昧にしたまま、事を荒らげずにものごとをなんとなくうやむやのままに処理してしまうやり方をむしろ美風とする考え方が根強くある。また日常生活における他人との付合い関係のなかでも、ルールやきまりをやかましくいう人は、「野暮な奴」と冷笑されることがままある。そして、このような日本的政治運営の技術は、イギリス人のいわゆる「妥協の精神」とはどうも異質であるように思われる。

こうした両国における政治運営についての考え方の違いには、その理由の一つにキリスト教の存否が大きく関係してはいないだろうか。キリスト教には例の「原罪観」という考えが根底にある。この考えにもとづけば、人間は生まれながらに深い罪を背負っており、したがって過ちを犯しやすい存在である。とくに為政者が過ちを犯せばその国民全体に及ぼす被害は甚大なものとなろう。そうした人間観が根底にあって古くからイギリス人は、「法の支配」観念とか議会制度といった制度観や外的保障機構を重視しまた築き上げてきたのではないか。もちろん、こうした宗教的理由だけで制度観の発達のすべてを説明することはできないし、むしろイギリス人は、自由と権利を守り抜こうと努力してきた長年にわたる政治的実践のなかで、その権力制限的制度観を築き上げてきたものと思われるが、制度的保障の観念がイギリス、アメリカ、フランス、オランダなどいわゆる西欧キリスト教世界にとくに顕著にみられることを考えると、制度観とキリスト教との関係は無視できない要素の一つであるように思われてならないのである。

さて、人間が過ちやすい存在であるとすれば、そのさい政治運営のやり方をどのようにすればよいか。まず、一人の人間の知恵よりも多数の人間の知恵が優位するということを認めるべきである。ここから、専制権力は危険であるから権力の統一性は保持しつつも、それをうまく分散させて政治運営をおこなうべしという民主政治の発想が生まれる。つぎには、なるべく多くの人びとを政治に参加させて相互に十分な「討論」をおこなわせ、それによって公共のことがらを決定させるべしという直接あるいは間接(代表)民主制の方式をよしとする考えが導きだされる。こうして権力分立制と代表民主制という二大政治原理が近代国家運営の要《かなめ》をなす制度観としてその正当な位置を占めることになる。したがって制度という問題を考えるばあい、それをたんなる機構やしくみの問題として捉えるのではなく、それがどのような精神にもとづいて運営されるのかが重要なポイントとなる。なぜなら形式上は同じ制度をとっていても、それを運営するやり方いかんによって、まったく違った政治がおこなわれることになるからである。

そこで、イギリス人のいう「政治的妥協」とは、その前提としては、国民各層の間で幅広い「討論」がなされ、議会においても徹底的な「審議」がつくされ、少数者《マイノリティ》や反対党《オポジション》の意見をも十分に尊重しつつ、最終的には「多数決」によってことがらが決定されるという、「公開性《パブリシティ》」と「討論《ディベイト》」、「抵抗」と「合意」を通じての民主的手続の全過程を意味するものと考えなければならない。これにたいして、日本の政治においてしばしばみられる、世論の動向を無視あるいは軽視し、議会のなかでの「数の論理」だけでなされる「勝てば官軍」式の「強行採決」などは、「多数決」という民主主義の手続の形式だけを真似した悪しき政治運営の方式以外のなにものでもないのである。

民主主義の精神は、つねにその根底において、個々の人間あるいは自己の属する政治集団が過ちを犯しているのではないかという自省・自覚あるいは政治倫理をもって謙虚に行動することを要請するものである。この意味で民主政治は、自己の思想や決定を絶対的なものとして国民に押しつけその履行を強制する専制政治や独裁政治あるいはファシズムのように、全体主義的政治体制を確立するために議会制民主主義や政党政治あるいは自由な政治・集団行動を保障する民主的な諸制度をすべて破壊してしまう、「人権」や「自由」を無視した画一的な強圧政治とは明確に異なるのである。

「オシアナ(大洋)共和国」――「法の支配」する国

近代的制度観の祖ハリントンについては、日本ではほとんどその名前すらしる人はいない。しかし、外国の政治思想の教科書ではたいていのばあい、かれの著書『オシアナ』(*Oceana*, 1656)が登場してくるし、哲学者のヒューム(David Hume, 1711-76)や経済学の父スミスなどもハリントンの民主主義的な政治思想を高く評価している。それよりもこんにちのアメリカの政治制度は、『オシアナ』をモデルにして作られたものだといえば、ハリントンにたいする興味・関心の度合いが一段と高まることであろう。事実、「アメリカ独立の父」の一人であるトマス・ジェファースン(Thomas Jefferson, 1743-1826)は、『オシアナ』を筆写しながら、きたるべきアメリカの政治制度についての構想を練った、といわれている。

まえおきはこれぐらいにして、ハリントンの政治思想について紹介しよう。まず「オシアナ」というタイトルは、ラテン語の「大洋」という意味に由来する。当時は、トマス・モア(Thomas More, 1478-1535)の『ユートピア』(一五一六年)やトマゾ・カンパネラ(Tommaso Campanella, 1568-1639)の『太陽の都』(一六二三年)、あるいはフランシス・ベーコン(Francis Bacon, 1561-1626)の『ニュー・アトランティス』(一六二七年)などの著作につけられた国名のタイトルをみてもわかるように、それらの国ぐには大洋のはるか向うに存在するとされた「理想国」を意味していた。したがって、ハリントンの『オシアナ』もそれらの理想国《ユートピア》物語の系譜上にあるものともいえるが、ただ、かれのばあいには、イギリスで当時ピューリタン革命が成功し、一六四九年一月には国王チャールズの首をはねて共和国《コモンウェルス》となり、クロムウェルが事実上の主権者であったときに『オシアナ』を書いているから、その内容はたんなる「ユートピア物語」で終わるものではなく、現実に実現可能なきわめてリアリティをもった国家構想として提起されている点に大きな特色がある。

　さて、『オシアナ』の基本的立場は、いかにすれば全人民の意志を正しく代表できる政治制度を確立し、「法の支配」する政治運営を実現できるか、という点にその狙いがあった。それゆえに、「自由と独裁は両立しない」と考えるハリントンは、「自由」の確保という観点から、チャールズ絶対王政にも当時のクロムウェル軍事独裁にも反対であったし、さらには、ホッブズ同様、上層階級の特殊利益を代弁する性格の強い、革命前のイギリス議会の構成のありかたにも批判的で、それゆえにまったく新しいかれ独自の政治制度論を提起している。

　ところで、いかなる大思想家もつねに時代の矛盾を解明するという課題に応えてそれぞれにその処方箋を描いている。したがって、かれの思想的意義をしるためには、まずかれが、それぞれの時代状況をどのように把握し診断していたかが問題となる。ハリントンのばあいには、当然に、内乱(ピューリタン革命)はなぜ起こったか、という内乱の原因究明にあった。

ここでハリントンは、まずはじめに、そもそも政治が安定しているばあいとはどういう条件の下においてであるか、という一般的な問題から入り、続いて特殊イギリスの問題について考察を加えている。かれによれば、上部構造(政治機構)と下部構造(経済構造)が相互に矛盾なく照応し合っているばあいには政治が安定している、とされる。ちなみに経済構造とは、当時であるから、主として土地所有関係を意味していた。

ついでかれは、政治が安定する条件として三種の「政治と経済」の関係をあげる。第一は、一人の人間がその国の土地の大半を所有しているばあい(トルコの皇帝《タイクーン》)、第二は、少数の人間がその国の土地の四分の三以上を所有しているばあい(一四世紀ごろまでのイングランド)、第三は、土地の大半が人民《コモン・ピープル》の間で分割所有されているばあい(一七世紀ごろのイングランド)、そのような土地所有関係にたいして、順次「モナーキー」(一人支配)、「アリストクラシー」(少数者支配)、「デモクラシー」(多数者支配)の政治機構が照応していればそこでの政治運営はうまくいく、とハリントンは述べる。以上の三種の政治形態論はアリストテレス以来、すべての政治学者が用いてきた伝統的な分類方法であるが、政治形態と土地所有関係つまり「政治と経済」とを関連づけて政治形態の良し悪しの問題を考察している点に、ひじょうな新しい特色がみられる。

かれは、これらの政治・経済制度はそれぞれに「変動」するものとみている。この点からかれは今次《こんじ》の「内乱」の原因を説明している。イギリスでは、一五世紀末ごろから一七世紀にかけて、土地所有関係という点からみれば少数者所有から多数者所有（中産ヨーマン層あるいは独立自営農民に土地が広くいきわたっていること）に変動した。しかし政治構造はいぜんとしてモナーキー（王政）のままである。ここに上部構造と下部構造との間に矛盾が生じ、それが革命の原因となった。したがって、ハリントンは、革命がたんに国王個人の劣った資質や邪悪な性格あるいは議会の個々のメンバーの誤った行動などから起こったとはみずに、いわば構造的な原因（土地所有関係の変化による上部構造と下部構造との間の矛盾）にもとづくものとして捉えている。[1]このように政治変動や社会変動の原因を構造的なものとして捉える政治・社会認識の方法は、一九世紀に入ってから中葉にかけて、社会学の祖オーギュスト・コント（Auguste Comte, 1798-1857）や社会主義者カール・マルクス（Karl Marx, 1818-83）、社会進化論者ハーバート・スペンサー（Herbert Spencer, 1820-1903）たちによってようやく定式化されたものであるという点において、われわれはハリントン政治学の早熟性に驚嘆させられるのである。

こうしてハリントンは、一七世紀イギリスの下部構造に相応する上部構造（政治機構）としては「デモクラシー」（民主政体）以外にない、と結論づける。ところで、このデモクラシーという語は一六世紀ごろにイギリスに入ってきたといわれているが、当時のイギリスでは、それはギリシアの都市国家において、自由民たる市民全員が政治に参加する政治の一形態として理解されていたにすぎず、したがって、デモクラシーという語は別にいい意味にも悪い意味にも用いられていたわけではなかった(2)。しかしいまや、ハリントンによって、デモクラシーはモナーキーやアリストクラシーに優越する政治制度としてその正統的位置を与えられた。デモクラシーは、以後、すべての近代国家の到達目標となったことを思えば、このハリントンによる「デモクラシーの価値」についての意味づけとその普及化は、いくら高く評価しても評価しすぎることはないであろう。

国王チャールズのいとこに当り、一族に五十数名の貴族を擁するイギリスきっての名門貴族の出身であるハリントンがなぜ、王政を否定し、共和主義者になったか、その経緯についてはあまり定かではない。しかし、革命前の五、六年に及ぶ大陸旅行のなかでヴェネチア共和国など広く諸外国の政治・経済の実情を見聞したこと、さらにはアリストテレスやマキアヴェリの民主主義的な政治学を学んだことなどが、かれが共和主義へと傾斜していった理由かもしれない。ホッブズ同様にハリントンもまた、古代ギリシアやイタリア・ルネサンスの影響を強く受けつつ近代的制度観の確立をはかっているのはまことに興味深い。

権力分立制――「くじ引き《バロット》」と「交替制《ローテーション》」

さて、いよいよハリントンの政治制度論について考察する。混乱と激動の渦巻くイギリスにおいて、根本的な政治改革を断行する方法は一つしかない。すでに民主化されているイギリスの土地所有関係（多数者による土地所有）に照応するような政治機構を作ることである。もとより、それは「法の支配」の貫徹するようなしくみでなければならないが、その意味でも政治制度構築の中心的課題は、いかにして民主的な立法部を作るか、という点にかかっている。そのさいかれは可能なかぎり多数の人びとの政治参加を求める代表制システムの創設を機軸にして、そこに徹底した権力分立制を適用し、また代表選出にさいしてバロット（くじ引き）およびローテーション（交替制）の原理を導入している。[3]

まず代表制システムについてであるが、かれは全国を一五〇の地区に分け、そこから、「ザ・セネイト」（The Senate ローマの議会の名称）と「ザ・ピープル」（The People ギリシアの民会のイメージ）という二つの会議体に出席する代議員を選ぶ。選出方法は各地区ごとに前者二名、後者七名であるから全部で一三五〇名が新立法部の代議員となり、この二（両）院に「オシアナ共和国」の主権がある、とされる。代議員数は従来の議会の約三倍近く、しかも二五歳以上の男子の大半が「バロット」（くじ引き）によって選出されるのだから、きわめて公平な選出方法であるとともに、そこにおける国民の政治参加の数の飛躍的な拡がりがみられよう。一五〇の地区選出といえば、現在の日本の全都道府県をそれぞれ三つぐらいの地区に分けて代議員を選出するのだから、当時のイングランドの広さから考えればさほど突飛な提案ではない。ところで当時は、成年男子の七分の一ぐらいしか選挙権をもっていなかったし、イギリスでは一八三二年になってようやく第一次選挙法改正がおこなわれ、選挙権の拡大が一部実現するのだから、このハリントンの提案は、当時、中産・下層の人びとの利益を代弁して男子普通選挙制の実施を主張していた平等派《レベラーズ》の要求にも似て、きわめてラディカルな内容をもつものであったといえよう。

また選挙の方法自体がきわめてユニークである。各地区ごとに集まった人びとは、「ザ・セネイト」用と「ザ・ピープル」用の二つの「壺」から、それぞれ「くじ引き」用の黒白《こくびゃく》の石をひき、当りくじの石をひけば、かれが代議員となる。「ザ・ピープル」の任期は二年(アメリカの下院議員のばあいも同じ)、また「ザ・セネイト」の任期は六年(二年ごとに三分の一ずつ交替するからアメリカの上院議員と同じ)で、一度当選した者は、以後二度と代議員になることはできない。つまり徹底した「交替制《ローテーション》」がそこでは守られている。

この「バロット」と「ローテーション」は、ギリシアの民会における選出手続や在職期間についてのルールを模倣したものであるが、この方式を現代政治において適用できるかどうかは別としても、こんにち的にみてはなはだ興味深い問題を示唆している。現代選挙においては多額の選挙費用がかかる。その意味では選挙は完全な民主主義ではなく、はじめから財産や地盤の有無などによって選別されている。また当選何回組といわれるような政治のプロ集団やいわゆる「族議員」が形成されると、かれらは利益誘導という「えさ」を武器に、さまざまな利益集団と結びつき、そこに構造汚職の発生する必然性もでてくる。こうした問題性を少しでも解消するためには、ハリントンのようにまったく金のかからない選出方法にするとか、議員の任期制を定めるとか、あるいは同種・同部門の委員に長くとどまることを制限するとか、現代政治の上でもさまざまな改善・工夫をこらすための参考になるのではないかと思われる。

ところで、ハリントンは立法部の構成の在り方にかんしても注目すべき発言をしている。それは、「ザ・セネイト」と「ザ・ピープル」の二院の権限・機能を完全に分割せよ、という提案である。つまり、かれは、前者については法案や政策を提案するだけ、後者についてはそれらを議決するだけにその権限を限定している。その狙いは、立法部が提案し議決もするという二権をもてば、これまでの議会のばあいにもそうであったように、そこではどうしても代表者の属する階層に有利なような決定がなされることになるから、それを防止するためにハリントンは、「二権分割」を主張したものと思われる。

現代国家においては、議会は国の最高機関である。そのさいに、もしも一党支配があまりにも長期化し、政権交替のチャンスも可能性もほとんどないような状況が発生したらどうなるだろうか。議会に二権があるかぎり、先ほど述べたような構造汚職や利益集団との癒着がますます起こりやすくなり、そのことが政治の腐敗や堕落をもたらすことになろう。また事態がそこまで進行すると、議会自身の手で自浄化することはほとんど不可能でさえあるように思われる。近代国家においては、「二大政党制」あるいは「複数政党制」による権力交替を可能とする政治システムが望ましいとされる理由もここにある。そして、議会自身が自浄作用や自動調節作用を喪失したばあいには、主権者たる国民が選挙や日常的な政治批判を通じて、そのような硬直した政治運営の方式を変えるような努力をする以外に妙案はないのである。

クロムウェルの死後(一六五八年)、王政復古までの約二年間、イギリスでは三つの政治路線をめぐって論議が展開された。一つはミルトンに代表される革命議会や革命政府の維持、一つは伝統的な王と議会との協同による制限・混合王政の復活、さらにもう一つは、その支持者はきわめて少数であったが、ハリントン主義によるまったく新しい政治制度の創設。結論的にはスコットランド駐屯の革命軍が王党派に寝返ったため王政復古となった。新国王チャールズ二世がロンドンに帰還し、リージェント・ストリートからバッキンガム宮殿に向って美々しく行進するパレードの列をみながら、ハリントンは、新しい王政はもはやたんなる過去の絶対王政の復活ではない、時代は大きく変動しつつあるので遠からず新しい政治を求める胎動が現われるであろうと述べた、と伝記作者は伝えている。こうしたかれの確信は、かれの実証的な政治・社会変動論に裏打ちされたものと思われるが、事実一六八〇年代に入ると早くも国王と議会の対立が再び顕在化し、ついには名誉革命が起こり、この無血革命の成功はイギリスにおける近代国家への道を確定づけたのであった。

ホッブズよりも二年ほど早く、また名誉革命の一〇年ほどまえに、この偉大な近代的制度観の祖ハリントンは民主主義の勝利を確信しながら永遠の眠りについている。しかし、かれの近代的制度観は、続くロックによって、またフランス人モンテスキュー(Charles-Louis de Secondat, Baron de la Brède et de Montesquieu, 1689-1755)によって、近代民主政治の中心的思想原理として正しく適用され発展させられたのであった。

(1) ハリントンによれば、「内乱〔革命――筆者注、以下同じ〕前までのオシアナは貴族によるモナーキー」であった。ところが、「ヘンリ七世時代〔在位一四八五―一五〇九年〕には貴族と僧侶が全国の土地の四分の三を所有していたが、内乱直前までには、その約十分の九が他の階級〔民衆〕の手に移ってしまった」ため、上部構造と下部構造が一致していなかった。そして「この危険な欠陥をなおすことは、人間の力や知力のおよびえない」問題であった。つまり、「旧体制は、君主が過ちを犯してシロアムの櫓に押し殺されたためでも、議会の強情さのためでもなく、君主も議会もとどめえない非人間的な力」のためであった。したがって、体制の危機は、「人間の死のように自然な不可避なことがらであって」、「内乱が旧体制を破壊したのではなく、旧体制の社会的な基礎の解体が内乱を惹き起こした」のである〔前掲『ホッブズ研究序説』所収の「ホッブズとハリントン」(一九五八年)参照〕。

(2) この点については、ビアード『共和国』(上)、松本重治訳、社会思想研究会出版部、一九四九年、六七ページ、参照。

「デモクラシーという語は、……十六世紀の初頭のころすでに英語になったものです。そのころ英語でものを書いたひとびとは、デモクラシーという語を、アテネその他の古代都市国家にあった政治形態の意に使ったのでした。すなわち参政権をもった市民自身が、野外大会で、討論したり票決したりして、直接に行った政治という意味でした。

英語に使用されはじめのころは、デモクラシーという語は、別によい意味もわるい意味ももってはいなかったのです。しかし、英国人が、十七世紀のクロムウェル革命を終点とする、あのながい激烈な闘争をおっぱじめたころから、デモクラシーという語は、社会闘争の意味合いをもつようになりました。

保守派は暴民・衆愚――かれらは人民一般をこう呼んでいたのです――による政治という意味で、この語を使いました。保守派にとっては、それは、およそ考え得る最悪の政治形態――法・秩序および財産などの破壊にみちびく、たんなる混乱・無秩序状態――を意味したのです。ところが一方、革命運動の急進派は、一般人民の立場に立って、保守派が暴民・衆愚とけなしつけていた大衆を理想化することをしばしばやったのでした」。

(3) ハリントンによれば、「平等なコモンウェルスとは、上部構造すなわち「ザ・セネイト」が論議し提案し、「ザ・ピープル」が決定し、くじ引き(バロット)による国民の投票を通じての平等な交替制(ローテーション)による行政官の執行という三つの秩序を生みだすような平等な農地法〔民主的な下部構造を確保するための法〕にもとづいて確立された政体である」〔「ホッブズとハリントン」(一九五八年)参照〕。

第五章　議会制民主主義の原型——ロック

議会制民主主義とは

議会制民主主義とは、国民代表的性格をもつ会議体すなわち議会を要《かなめ》にして政治を運営する方式をいう。そのもっとも典型的なものが、この方式を世界で最初に考案し発展させたイギリスの民主政治である。そして、議会制民主主義の思想原理とその政治形態(制度)を最初に定式化した思想家がロックである。かれが「民主政治の父」と呼ばれる理由もここにある。

ところで、ひとくちに「議会制民主主義」といっても、その実際的運用は各国において多種多様である。イギリスでは立法部たる議会が国権の最高機関とされ、下院(庶民院)において多数派を形成しえた政党が行政部つまり内閣を組織する。したがって内閣は、議会に責任を負って政治をおこない(責任内閣制)、議会の信任を失えば(下院において内閣不信任案が可決されるか信任決議案が否決されたばあい)、内閣は総辞職するか解散(→総選挙)するかしなければならない。

この方式は別名「議院内閣制」とも呼ばれているが、戦後日本の政治運営はほぼこのイギリス型をまねたものといえよう。

これにたいしアメリカでは、いわゆる「大統領制」という政治方式がとられている。ここでも議会が政治の中心的部分であることには変りはないが、国会議員とは別の手続によって選出された四年任期の大統領が、国会議員以外から各省長官(大臣)を指名して、いわゆる「大統領政府」(内閣)を組織し、議会と政府が権力分立制にもとづいて相互に抑制・均衡し合いながら政治をすすめていく点にアメリカ政治の特色がある。イギリスや日本のばあいには、内閣大臣の大半は国会議員でもあるので、内閣みずからが議会に法案を提出し、それを議決させることができるが、アメリカ大統領のばあいには、政策遂行に必要な法律制定については「教書《メッセージ》」の形を通じて議会に要請できるだけである。この点にかんしては、アメリカでは、前述したハリントンの、「提案」と「議決」とを分割する「権力分立」の思想を採用しているように思える。また大統領政府は多数党の国会議員によって組織されたいわゆる責任内閣制的性格をもった政府ではないから、大統領には「解散権」はないし、他方議会にも「不信任決議権」はない。

かつてイギリスの政治学者バジョット(Walter Bagehot, 1826-77)は、『イギリスの国家構造《コンスティテューション》(イギリス憲政論)』(一八六七年)のなかで、イギリスには解散制があり国民の意志をつねに迅速かつ柔軟に反映させることができるが、アメリカではもしも無能な大統領がでてきたばあいには四年ないし八年間はかれを変更することができず(弾劾制度があるが、これによって辞職させた例はない)、硬直した政治が続く危険性があるからイギリスの政治のほうがすぐれている、という趣旨のことを述べている。しかし、議院内閣制がよいか大統領制がよいかは、結局のところ各国における政治家の資質や国民の政治意識の高さいかんにかかわる問題であって、にわかに両者の優劣(とくに日本のようなばあいをみれば)を云々することはできないであろう。

また、アメリカの政治制度にみられる徹底した権力分立主義は、司法部(裁判所)に違憲立法(法令)審査権が与えられていることによってもさらに強化されている。違憲立法審査制とは、議会の制定した憲法をはじめとする各種の法律や政府の命令について、その合憲・違憲性を判断する権限を司法部に認めた制度である。イギリスでも名誉革命後、「司法部の独立」を明確化したが、アメリカの司法部は違憲立法審査権をもつことによって、立法・行政二部門の決定に異議を申し立てることができるから、司法部は立法部・行政部と並ぶいわば第三院のような独立的地位をもつものといえる。このような厳格な三権分立制がとくにアメリカにおいて採用された理由は、独立戦争前の本国議会や国王のとった横暴きわまる態度にアメリカ国民が強い不信感を抱いたためと考えられる。一七世紀の二つの市民革命において議会が絶対王政打倒の拠点であったイギリスでは、この点で議会にたいする国民の信頼感(「イギリスの議会は男を女に変え、女を男に変える以外のすべてをなしうる」――ドロルム[(1)]の言葉)がきわめて厚いのと対照的である。

このように各国の政治制度の内容にかんしては、その国における近代国家成立時の政治的・歴史的事情によってさまざまな違いがみられるが、いずれにせよ、各国とも国民代表たる議会において政治の基本政策を決定し実施するための法律を制定し、それらの法律にもとづいて「法の支配」する政治をおこなっている点で、近代国家の大半は議会制民主主義を採用している、といえよう。そこで次に、近代において議会制民主主義の思想原理とその制度モデルを最初に定式化したロックについて述べることにしよう。

フィルマーの「家父長制論」批判――「神権説」の粉砕

ロックはホッブズと同じオクスフォード大学において医学を勉強し、医者の道を志していたが、ある偶然のことからウィッグ党総裁シャーフツベリ(Anthony A. C. Shaftesbury, 1621-83)の侍医兼秘書となり、そのことが、かれが「人間の医者」から「国家の医者」へと転進する契機となった。王政復古から二〇年ほどたった一六七九年から八〇年にかけて、カトリック派の王弟ヨーク公(のちのジェイムズ二世)を王位継承から排斥する運動が起こり、その政治抗争に敗れたシャーフツベリは八二年に身の危険を感じて新教国オランダに亡命した。翌年にはロックもそのあとを追ってイギリスを離れる。

そのころ、フィルマーの『パトリアーカ(家父長制論)』という奇怪な一書が公刊(一六八〇年)された。もともと本書は、ピューリタン革命勃発の前後に「手書《てがき》」のまま(一六三五年から四二年の間に書かれたと推定される)王党派の間で回覧されて好評を博したものといわれているが、それが王党派擁護のための有力な理論的武器として今回出版されたものと思われる。ロックもそのときこの一書を手に入れたに違いない。

一六八八年、母国イギリスにおいて名誉革命が成功し、ジェイムズ二世は国外に逃亡したが、政治支配層や国民のなかにもいまだに前王を追慕する空気がかなり濃厚に残っていた。このため、ロックは名誉革命の正当性を弁証する必要性を痛感し、一六九〇年に一書を公刊した。それが、『リヴァイアサン』、『オシアナ』と並んで近代民主主義思想史上に燦然《さんぜん》と輝く不朽の名著『政治二論』(*Two Treatises of Government*, 1690.『統治二論』とも訳される)である。

本書は二部構成になっているが、前篇はフィルマー批判、後篇はロック自身の新しい市民政治理論の提案である。そこでここではまず、フィルマー批判について述べることにする。フィルマーは、国王を神格化することによって国王絶対主権論を展開しているが、そのような「神権説」はそれまでの国王擁護論にさえみられなかったほどの強烈なものであった。そこでロックも、自己の市民政治論をより説得性のあるものにするためには、ぜひともフィルマー理論を最初に粉砕しておく必要を感じたのであろう。

フィルマーによれば、こんにちの各国君主はすべてアダムの末裔(子孫)である。『聖書』冒頭の「創世記」にもあるように、神はこの地上を治めるために必要な絶対権力をアダムただ一人に与えた。そして「ノアの洪水」後、アダムの子孫たちは世界中に散らばっていった。したがって、権力の起源を「人民の同意」に求め王の権力を制限することを主張する昨今のヨーロッパ大陸に流布している社会契約論は、真赤な嘘いつわりである。つまり、フィルマーは、ピューリタン革命前夜において早くも、のちの革命の進行のなかでイギリスでも盛んに唱えられるようになる社会契約論が、絶対王政論の最強かつ最終的な思想的「敵対者」になることを鋭く見抜いていたといえる。

さて以上のように『聖書』の言葉を巧みに用いながらフィルマーは、王権の絶対的性格を主張したが、それだけでは説得力不十分とみて、さらに「父と子」の関係にもとづく「家父長制論」をもちだした。「血のつながり」という点では父子の関係ほど確実なものはない。つまりその関係は自明のことであるからきわめて「自然的」(「合理的」・「確実」)なものだ、というわけである。ところで家族関係においては、父親は家長として妻および子供たちにたいして、「生殺与奪の権」つまり絶対的支配権をもっている。国王はこの家長たちの頂点に位置する国家の頭《かしら》である。このような国家観は、戦前日本の「家族国家観」と酷似しているが、フィルマーは、『聖書』(啓示)と「自然」(理性・自然権・自然法)という当時の論争家たちの間できわめてひんぱんに用いられていたターム(用語)を駆使して、近代自然法を根拠に国民主権論を唱える社会契約論を批判し[2]、王権の絶対性を主張しようとしたものと思われる[3]。

では、フィルマー理論の真の狙いはなんであったのか。それは、王は神の代理人であり、王国の土地・財産はすべて王のものであるから、王の意志通りに課税することはなんら不当ではなくまことに正当な行為である、という論理を構築することにあった。この、「王は大権によって自由に課税できるか」という問題は、一七世紀イギリスの「憲法闘争」の主要テーマであったことは第二章で述べたとおりであるが、「自由な課税」を主張し強行したとき、ついにピューリタン革命が勃発した。それゆえ、市民階級の代弁者《イデオローグ》ロックは、そのような奇妙かつ不当な絶対君主論を徹底的に粉砕し根絶する必要があった。そのためには、「所有の権利」は王にではなく個人に属するものであること、国家や政府の第一の目的は個人的所有権の保護にあること、それゆえに権力の基礎は国民の同意によるものであること、また王権の専制化を防ぐためには民主的政治制度を構築する必要があること、以上の点にかんして論証することがロック市民政治論の主たる課題と目的であった。

そこでロックは、家父長制的国家論を粉砕するために、かれもまた『聖書』の文言《もんごん》を用いてフィルマーの主張にいちいち論駁を加えている。

ロックの「創世記」解釈によれば、神はアダムとエバ(イブ)の二人が協力してこの世を治める権限を与えたもの、となる。もしもロックのような解釈に立てば、そのことだけで各国君主の権力の絶対性というフィルマーの主張は根底からくつがえされることになろう。もとより両者の「創世記」解釈のいずれが正しいかは『聖書』の文言を通じてはわからない。われわれは、ただ両者の『聖書』論争のなかに、いかに「宗教と政治」が密接にかかわっていたかという当時の思想状況を知りえて、はなはだ興味深い。

さてつぎにロックは、「家族」についても『聖書』のさまざまな個所を引用しながら、父と母は子供が成人するまでの間、その教育や扶養について共同の責任と義務がある、として家父長の絶対権というフィルマーの主張を否定している。こうした両者の「家族観」の違いは、フィルマーが上流貴族社会の、ロックが中産階級の出自であることにも大きく起因しているのではないかと思われる。[4] イギリスの上流社会では一九世紀中葉にいたるまでも「ヴィクトリアン・ファーザー」という言葉があったことからもわかるように父権がきわめて強く、したがってフィルマーの家父長制論は一七世紀の上流階級の間ではきわめて当然のこととして受け入れられていたことは間違いない。またのちにルソーが『社会契約論』(一七六二年)のなかで、「フランスのフィルマー」と呼ばれたボシュエ(Jacques Bénigne Bossuet, 1627-1704)を痛烈に批判していることからもわかるように、この家父長制論は、ヨーロッパ社会では一八世紀中葉においても広く流布していた思想であった。これにたいして、われわれは、中産階級の出自であるロックの「家族観」のなかに、革命の旗手ミルトンの自由婚姻論⑤とも相呼応するような夫婦間の地位の平等性という新しい思想の波が台頭しつつあることをしりうるのである。

それはともかくとして、ロックは後篇第七章(「政治社会すなわち市民社会について」)、第八章(「政治社会の起源について」)において、フィルマーの国家起源論に最終的な痛打を加えている。ロックによれば、政治社会＝国家とはフィルマーのいうようにたんなる家族の集合体ではなく、各人がその所有権《プロパティ》(生命・自由・財産を含む)を守るために目的意識的につまり契約にもとづいて形成した「共同社会《コミュニティ》」だというわけである。⑥ ロックもまたホッブズの自然法思想を継承して、政治社会の起源を人びとの同意・契約に求めている。このことのうちに、われわれは、新しい政治思想が着実にその地歩を占めつつ発展してきていることを確認できる。そこでつぎに、ロックの市民政治論の原理と実際について考察をすすめることにする。

市民政治理論の原型──「所有権」の保護

ロックもまたホッブズにならって、自然状態から話をはじめる。ホッブズとの違いは、自然状態を「平和状態」として描いている点である。すなわち、当時は人間の数も少なく、土地は広大で自然の恵みも豊かであったから、人びとが自然に働きかけ(労働)、自然物を取得しても、そこで物を奪い合うようなことは起こらなかった。しかも神は、「ほどほどに」、「腐らせない程度に」物を取得することを命じた「自然法」を人びとに与えていたから、そこにはホッブズがいうような「戦争(戦闘)状態」も発生しなかった、とロックはいう。このため、のちの研究者たちのなかには、ホッブズは好戦主義者、ロックは平和主義者と単純に分類している者もいるが、はたしてそうであろうか。つぎに述べるように、じつはロックのばあいにも国家形成以前の自然状態において闘争状態は発生するのである。しかし、その説明の仕方がきわめて巧妙であったために、ロックはホッブズのように好戦主義者とはみなされなかっただけのことである。

ロックは私(個人)的所有権の発生の根拠を自然に働きかける人間の労働に求めているが、やがて人間が貨幣を発明すると、貨幣はいくら蓄積しても「腐らない」から、この貨幣を蓄積する行為は「自然法」すなわち「神の意志」に反しない、というわけである。つまり、このように述べることによってロックは、当時の新興市民階級の旺盛なる経済活動や資本蓄積行為を「自然法」、「神」の名において正当化することをやってのけたのである。ここにわれわれは、ロックがホッブズと異なり、はっきりと上昇しつつある新しい市民階級つまり生産階級の経済行動を積極的に擁護し是認する立場を表明していることをしる。

ところで、蓄財行為が正当化されるとどうなるか。当然にそこには貧富の差や社会的不平等が生じ、それをめぐってさまざまな犯罪や略奪行為による闘争状態が発生するであろう。その闘争は、ホッブズのような生死をかけたストレートな暴力行為としては描かれていないにしても、資本蓄積や財産の獲得をめぐる、いわば日常生活の全体にわたって人びとを矛盾・対立の渦に巻き込む、新しい構造的な戦闘状態の発生としてロックが当時の社会を捉えていたことがわかる。

　このようにロックは、自然状態を注意深くしかしきわめて巧妙に「平和状態」と「戦闘状態」という二段階に分け、後者は貨幣発明後に発生した社会的紛争状態であるとして、こうした状態が続く以上、人びとは「所有権」を保護するために契約を結び、政治社会・共同社会《コミュニティ》・国家・政府の確立を目ざす必要があった、と述べている。結局、ロック政治論の狙いは、貴族階級や封建的地主層の勢力を背景にした絶対君主による財産の略奪や不当な課税、他方では、下層階級による財産平等化の要求のいずれをも排除しつつ、資本蓄積に邁進《まいしん》しつつあった当時の上層市民階級の立場を擁護したものであったといえよう。そして、これらの階層こそ名誉革命によって政権の一翼に確固たる足場をえ、きたるべき資本主義社会の担い手となる人びとであった。もとよりロックも当時の社会的矛盾に十分に気づいてはいた。しかし、かれは、それらの原因を各人の「勤勉」の度合いや「政治機構」のまずさに求めていた。またかれは、のちのスミスと同じように、もしも生産力が向上すれば、貧困の問題や経済的不平等もある程度解決されるはずだと楽観的に考えていたのであろう。そこでかれは、上層市民階級のリーダーシップが発揮できるような新しい市民的政治制度を構築することこそが国民全体の安全と快適な生活を保障する第一の道であると考え、その理論化をはかったものと思われる。そしてそのことが、結果的にはのちの議会制民主主義の理論を方向づけることになったのである。

議会制民主主義の政治システム

ロックもまたホッブズやハリントンと同じく、社会契約によって作られた「共同社会《コミュニティ》」を運営する政治機関として立法部を最重要視している。(7) しかし、かれは、ホッブズやハリントンが当時の議会にたいして批判的であったのとは異なり、立法部については、あたかも当然のことであるかのようにイギリス伝統の議会をそれにあたるものとしている。ただし、そのさいにおけるロックの功績は、議会の地位・権限についての従来の解釈を一変させた点にあり、そのことが議会制民主主義という新しい近代政治思想の地平を切り開いていくのに寄与することとなった。

イギリスの議会はこんにちでもそうであるように、成立の当初から国王・貴族(上)院・庶民(下)院の三身分によって構成され、そのうちのどれか一つが欠けても議会は成立しない、と考えられてきた。この議会は、革命前までには、国王と協同する不可欠な政治機関として重要視されるほどにその地位・権限が強まってきてはいたが、それでも「議会主権」が主張されるようなことは〔ピューリタン革命の一時期――国王処刑後のコモンウェルス(共和国)時代(一六四九―一六〇年)――は除き〕なかった。議会も重要だが、国王も重要であるという二元論が当時は支配的見解であったといえよう。ところが、ロックは、名誉革命後の時点で、議会を「最高権力性」をもつものと規定している。このことによって、イギリス議会は憲法思想史上、「議会主権」の地位を獲得したものといえる。

ではなぜロックは「議会主権」という言葉をあえて用いなかったのか。イギリスの二つの市民革命においては、「だれが主権者か」をめぐって激しく争われたことはしばしば指摘したとおりである。名誉革命によって王党派は敗北したが、その勢力にはなおあなどりがたいものがあった。そこでロックはホッブズと異なり、「議会主権」を連想させる「主権の概念」を前面に押しだすことなく、それを「最高権力的なるもの」といいかえ、トーンを和らげたものと思われる。いわゆる「イギリス的現実主義」の思想(知恵)がここにもみられるのである。

しかし、どのように表現しようとも、いまや議会がこの国における事実上の最高機関＝主権者と目《もく》され、議会制民主主義の思想が公認の政治思想としてその足場をかちえたことは間違いない。その証拠にロックは、ハリントンと同じく、多数者に主権があるときは「デモクラシー」であると述べているし、行政権と外交権の二権は王に属するとしながらも、もしも立法部と行政部の間で意見が対立したときには立法部が優位する、と明言しているからである。[8] 当時は、議院内閣制という考えはまだ十分に発展していなかったが、ロックによって、立法部の行政部にたいする優位が主張されたとき、それはこんにちの「責任内閣制」の考えにつながっていく思想的根拠になった、と考えてよいであろう。ここに「君臨すれども統治せず」という政治運営の民主的ルールがほぼ確立したといいえる。もっとも、イギリスにおいても、「議会主権」（「議会あっての国王」から「国会主権」へ――ダイシー）の思想と制度が完全に確立されるには、一九一一年の、下院優位の原則を確認した「議（国）会法《パーラメント・アクト》」の成立（アスキス自由党内閣時代）や一九二八年の成年男女普通選挙権の獲得までまたなければならなかったが、ともあれ、ロックによってイギリス議会制民主主義の礎石がまず打ち込まれたもの、といえよう。

悪い政府や議会は変えてもよい

さて、イギリス型議会制民主主義においては、重大な政治問題について与野党の間で意見の調整がつかないとき（それは不信任決議案の可決、信任決議案の否決という形で表わされることが多いが）、または死亡・病気その他の理由で首相が欠けあるいは辞任したとき、重要閣僚が汚職その他の理由で辞任したときなど、政府（内閣）は総辞職するか解散・総選挙をおこなうかして、新しい議会や政府を構成しなおすことになる。

この思想的・理論的根拠は二つある。一つは、社会契約論にもとづくものである。この理論は、国民がその生命・自由・財産を保障され、快適で安全な生活を送ることができるように、全構成員が合意して国家や政府を作った、という考えをとるから、その論理必然的結果として、悪い政府や議会は自由に壊したり取りかえたりしてよい、という考えにいきつく。

さて、もう一つの根拠は、「人民の同意」によって作られた「共同社会《コミュニティ》」では、だれかが委託されて政治をおこなう必要がある。そのさい、立法部＝議会は国民から選出された代表の会議体であるから国の最高機関である。したがって行政部は立法部の下位にあるから、立法部に責任を負って政治をおこなうということになる。以上の二つの論理を組み合わせると、責任内閣制・総辞職・解散を軸とするイギリス型議会制民主主義つまり議院内閣制の骨格ができ上がる。

そして、このようなイギリス型議会制民主主義の核《コア》ともいうべき「解散」による政府や議会の変更という思想を作り上げたのが、ほかならぬロックであった。ロックは、『政治二論』の終章部分において、名誉革命は、社会契約の目的を破壊し人びとを再びアナーキーで不安定な自然状態へと逆もどりさせることを防ぐためにおこなわれた、やむをえざる革命であった、と述べている。ただし、この時期には議会の意志にもとづいておこなわれる「解散・総選挙」というような、平和的に政府や議会を交替する民主的政治システムはでき上がっていなかったから、ロックは、名誉革命でとった人びとの行動を「天に訴える」(Appeal to the Heaven)行為と名づけた(9)。しかしその後のイギリス民主政治は、議院内閣制・責任内閣制の確立、政党政治の発展、普通選挙権の実施というように、しだいにその政治制度や政治運営のルールを確立していき、それによって「解散・総選挙」(国民の政治参加)を機軸とするイギリス型議会制民主主義ができ上がっていったのである。こんにち、政府や議会を更新する平和的手続である「解散」を「国民に訴える」(Appeal to the Nation)行為と呼ぶようになったのはそのためである。したがって、解散権は首相の専権事項(伝家の宝刀)であるとして、自党派あるいは自派閥に有利な時期を見計らって解散を決定するというがごとき行為は、「国民に訴える行為」という「解散」本来の趣旨を忘れた、民主主義の精神に反する行為であるといわなければならない。

最後に、ロックの「参政権」思想について簡単に述べておく。当時は、選挙権は財産資格により成年男子の七分の一程度が政治に参加できたにすぎなかった。この事態は、ピューリタン革命においても変更されることはなかった。ロックもまたこうした状況をそのまま是認し、平等派《レベラーズ》的な選挙権の拡大を主張する人びとに与《くみ》することはなかった。このことは、結局ロックが上層市民階級の立場を擁護していたことを意味する。そして、このようなロックの限界性を克服するためには、それから約一世紀後の人権思想の父ペイン(Thomas Paine, 1737-1809)や「最大多数の最大幸福」論者ベンサムにまでまたなければならなかった。

(1) ドロルム(Jean Louis Delolme, 1740-1806)はスイスの憲法学者。イギリス亡命中に書いた『イギリス憲法論(国家構造論)』(一七七一年)においてイギリス政治が「抑制と均衡」の原理によって運営されている点を指摘し、イギリスの政体を賛美している。

(2)　フィルマーが、一七世紀前半の「憲法闘争」とくに船舶税裁判を契機に、王権の絶対性を確立するために対決しようとした政治思想が、一六世紀以来フランス、スペインなどの政治・法学者、神学者たちの間で唱えられていたいわゆる「社会契約論」であった。それについては、『パトリアーカ』の冒頭部分における次の言葉をみよ。「この一〇〇年余り、学者や聖職者たちは、次のような見解を発表したり主張したりしている。つまり、人間は本来、いっさいの隷属から自由でありまたそのように生まれついている。そして、いかなる統治形態を選択するかは、かれらの思いのままである。ある人が他の人びとに及ぼす権力というものは、人間の権利にもとづき、人びとの配慮によって、その人に与えられたものである、と」。

なお、大陸諸国における社会契約論が、王権は人民の契約にもとづいて支持されたものと主張することによって、ローマやジュネーブからの干渉を排除する王権擁護論として、またカトリック君主にたいしてはプロテスタント人民によって、またプロテスタント君主にたいしてはカトリック人民によってそれぞれ反王権理論として用いられていたこと、したがって、真に人間の生命尊重を基調とする近代国家の政治原理にまで社会契約論を高めたのはホッブズの政治論であったこと、さらに、フィルマーが、グロティウス、ホッブズ、さらには制限・混合王政論者ハントン、人民主権論者ミルトンの政治論と対決し、それらを批判している諸相については、前掲『ホッブズ研究序説』所収の「フィリップ・ハントンの「制限・混合王政」観」(初出『社会科学論集第八号』(東京教育大学文学部紀要)、一九六一年)、「サー・ロバート・フィルマーの『家父長制論』」(初出『社会科学論集第一六号』(東京教育大学文学部紀要)、一九六九年)、「ホッブズとフィルマー」「ミルトンとフィルマー」(初出、平井正穂編『ミルトンとその時代』研究社出版、一九七四年)を参照。

(3) ロックは、その『政治(統治)二論』前篇第一章二節において、「ロバート卿の体系は、次の数語に要約される。それは、あらゆる支配は絶対君主的であり、その根拠は、生まれつき自由な人間というものはないから、というに尽きる」と述べている。

(4) この点については、前篇第六章五五節のロックの次の言葉。「絶対権力が、親が子をこしらえ、これに生命を与えたことから生じたとしても、父の支配権は母と共有のものである。……子が受けるものがあるとすれば、その大部分は母からでなければならぬ。とにかく、子をこしらえるのは、母がその半分を受けもっていることは否定できない。それゆえに、父の絶対的権威は、子をもうけることから生じたものではない……」。

(5) ミルトン『離婚の自由について』田中浩・杉並綾子・新井明訳、未來社、一九九二年。同『離婚の教理と規律』田中浩・新井明・佐野弘子訳、未來社、一九九八年。

(6) 政治社会についてのロックの定義は次のようなものである。「……そこでは、家族の主人が男であれ女であれ、家族特有のある種の支配がおこなわれていたにもかかわらず、これらの夫婦、親子、主従間の社会は……「政治社会」には達していなかった……」(後篇第七章七七節)。「……しかし、政治社会は、そこに私有財産の保護権、およびそのための社会全員にたいする犯罪の処罰権がなければ存在しえないし、存続するはずもないのである……」(同章八七節)。「したがって、多数の人びとが結合して一社会(共同社会《コミュニティ》――筆者注、以下同じ)を形成し、その結果、各人が自然の理法を実行すべき権力(自然権)を放棄し、それを公共の手に譲渡するばあいには、またそのばあいにのみ、政治社会すなわち市民社会が存在するのである」(同章八九節)。この引用文の最後尾の「各人が自然の理法を実行すべき権力(自然権)を放棄し」という言葉こそ、ホッブズの「自然権の放棄」という理論を受け継いだものと思われる。

(7)「人びとが結合して社会関係を結ぶ主要な目的は、かれらが私有財産を平和にかつ安全に享受することにあり、そのための主たる方法・手段として、法律がその社会において確立される。したがって、すべての共同社会にとって第一の根本的な成文法(憲法・国家構造)は立法権を確立することにある。……この立法権は共同社会の最高権力である……」(後篇第一一章一三四節)。

(8) 立法権が行政権に優位する点についてはロックの次の言葉にみられる。「ある共同社会において、立法部が常時存在せず、行政権が、立法部に参与する一人の人間(国王をさす)に与えられるばあいには、その人物が最高権を有する、といってもよいだろう……(しかし)かれは国家の影像や影すなわち代表者として、社会がその法律のなかに表明した意志にもとづいて行動させられる者とみなされるべきであり、……」(後篇第一三章一五一節)。「行政権を委ねられた者が、立法部に参与する人間でないばあい、その行政権は明らかに立法部に従属し、それにたいして責任をもち、随時変更・交替させられる」(同章一五二節)。

(9) この点についてはロックの次の言葉を参照せよ。「もしも君主と国民の一部との間に、……きわめて重大であることがらについて紛争が生じたばあい、かかるばあいの適当な仲裁人は全体としての国民であるべきだ、と思う。……だが君主にせよ、その他の最高行政官にせよ、そのような裁決の方法を拒否すれば、訴え場所としては神よりほかにはない(傍点筆者)、ということになる」(後篇第一九章二四二節)。

第六章　政治的保守主義とドイツ思想

近(現)代史の時代区分

近(現)代史は大きく分けて三つの時代に区分できるのではないかと思われる。これから述べる近代の第二期とは、いわゆる「一九世紀」と呼ばれる時代である。

ところで、世界史の授業などでは、「一九世紀」といえば、ふつうには一八〇一年から一九〇〇年までをさすものとされているが、わたくしは、イギリスの「産業革命」、アメリカの「独立戦争」、「フランス革命」など、一連の世界史的事件が起こった一七七〇—八〇年代ごろから、一八七〇—八〇年代ごろまでの約一〇〇年間を「一九世紀」として考えたい。なぜなら、のちに明らかになるように、いま述べた「一九世紀」の「はじめ」と「おわり」の時期に、政治・経済・社会・思想の各分野できわめて大きな変化がそれぞれに起こっているからである。したがって、近代の初期から二一世紀初頭の現代にいたるまでの約三五〇年間は、イギリスの「名誉革命」が一六八八年に起こっていることからして、あいだに「一九世紀」という時代をはさんで、ちょうど、一〇〇年間ぐらいの間隔でもって「時代の諸相」が大きく変貌していることがわかる。ちなみに市民革命期から二一世紀一〇年代までの世界の歴史を概観すると、不思議なことに各世紀の八〇年代——一六八八年の「名誉革命」、一七八九年の「フランス革命」、一八八〇年代の政治・経済・社会・思想分野における「現代社会」への大転換期、一九八九年から九一年にかけての「冷戦終結」、「東欧反乱」、「ソ連邦の崩壊」など——にグローバルな変化が起こっていることがわかる。とすれば、現代でも二一世紀八〇年代に向けて「静かなる革命」が進行しつつある——残念ながら、われわれはいまだその実態を把握できていないが——かもしれない。

それはともかくとして、そうした現代史いや世界史全体をめぐる諸問題については、本書の最終章でまとめて考えることにして、本章では、一九世紀をさらに二つの時期に分けて、その前半期、つまりルソーの『人間不平等起源論』(一七五五年)、『社会契約論』(一七六二年)、スミスの『諸国民の富(国富論)』(一七七六年)、ペインの『コモン・センス(常識論)』(一七七六年)、『人間の権利』(一七九一—九二年)、ベンサムの『道徳および立法の諸原理序説』(一七八九年)から、マルクス、エンゲルス(Friedrich Engels, 1820-95)の『共産党宣言』(一八四八年)やボードレール(Charles Baudelaire, 1821-67)の『悪の華』(一八五七年)あるいはキルケゴール(Sören Kierkegaard, 1813-55)の『不安の概念』(一八四四年)、『死に至る病』(一八四九年)などがあらわれた一八五〇年ごろまでにおける時代状況の変化の推移とそれにともなって起こった思想上の変化について考えてみることにしよう。

ところで、歴史の発展と社会の変化はすべてなんらかの形でそれに先行するさまざまな諸条件に規定されて動き(原因)、その結果としてそれぞれの「現在」がある。したがって「一九世紀」という時代を考えるばあいにも、一七世紀イギリスにおける二つの市民革命によって切り開かれた近代国家の形成や近代市民(資本主義)社会の登場という歴史的事実を抜きにしてはとうてい理解されえないであろう。そこで、そうした歴史的先行条件との関連で一九世紀を捉える場合に必要だと思われる座標軸(ものさし)について、はじめに述べておく。この座標軸としてはつぎの二つの視点が重要である。一つは、一九世紀に入ると、「不平等の是正」という問題が思想史上のメイン・テーマとなったことである。一七世紀の市民革命では、たしかに個人自由の保障という点で大きな前進がみられた。しかし、イギリス革命はもとよりのこと、アメリカ独立革命やフランス革命においてさえ、財産資格や性別・人種による選挙権の制限が改善されなかったのをみてもわかるように、この時期になってもいぜんとして無産者階級には政治的権利が与えられなかった。また産業革命の成功による資本主義の発展は、スミスが驚嘆の声を上げたように生産力の飛躍的増大をもたらしはしたものの、一九世紀が進行するにつれて貧富の差はますます拡がり、貧困・失業などの深刻な社会・労働問題が各国で発生し、「経済的平等化」を求める社会主義運動や労働運動が各地で活発化した。したがって、一九世紀の思想家たちはいっせいにこの「不平等是正」の問題をいかにして解決するか、という政治・経済・社会上のテーマに目を向けはじめた。

そしてこの問題について最初に理論的に取り組んだ著作がルソーの『人間不平等起源論』であった。ここでルソーは、不平等の原因を、少数者が多数者を支配して「もの」を作らせる生産組織にあるとし[1]、専制的政治機構や法制度はそれを補強するものと捉え、既成のいっさいの政治・経済機構を破壊せよ、と激烈な口調で述べている。[2] ルソーはのちに『社会契約論』を書いて「自由」の確保される理想の市民社会(近代国家)像を描いているので、政治思想史上ではホッブズ、ロックたちの社会契約理論の大成者と目《もく》されているが、その政治分析をはじめるにさいして、早くも一九世紀全体のメイン・テーマとなる「不平等」の問題に注目していたことによって、まさにルソーは「一九世紀」の出発点に位置する、新しい時代を先取りした思想家であったといってよいであろう。

ともあれ、一九世紀全体は、一方では「自由」のなおいっそうの拡大・充実という問題をたえず追求し続けた時代ではあったが、それと同時に他方では「不平等是正」という新しい問題を解決するために各思想家が悪戦苦闘した、矛盾と混乱に満ちた時代であった。もちろん、政治的・経済的・社会的不平等の問題は二〇世紀末の現代においてもいまだにその解決が問われ続けている重要問題であることはいうまでもないが、この問題が本格的に注目されはじめたのは一九世紀に入って以来のことであったことを再度、確認しておこう。

さて、このように一九世紀において「不平等是正」の問題が発生したのは、市民革命において政治的・経済的にその十分なる解決がなされていなかったことに主要な原因があるが、とするならば「一九世紀」という時点において、近代国家や近代市民(資本主義)社会の中心的な思想原理であった近代自然法思想についても、その再検討が思想家たちによって試みられたことはいうまでもない。したがってわれわれもまたここで、「不平等是正」問題と合わせて、近代自然法思想が「一九世紀」という新しい時代状況の出現によってどのように批判されあるいは新しい「よそおい」で変容・発展させられていったかについて検討してみる必要があろう。

以下、「不平等是正」の問題と「近代自然法思想の変容過程」という二つを座標軸にしながら、「一九世紀」における政治・社会思想をめぐる問題点について考察していくことにする。

「一九世紀」――四つの思想潮流

さて、一九世紀前半期に、二一世紀初頭の現代にまでも関係しているような新しい「四つの思想潮流」があらわれた。もちろん、このような分類の仕方自体、これまでだれも試みたことはないし、またそのような分類方法がはたして妥当であるかどうかはひとまずおいて、少なくとも、このように分類して、一九世紀のかかえていた諸問題を考察してみるとたいへんにわかりやすいということはいえそうである。では、それら「四つの思想潮流」とはなにか。

まず第一に、この時期にイギリスのような経済的先進国において、「政治的保守主義」といわれる政治思想の潮流があらわれた。つぎにドイツ――のちにはとくに戦前日本のばあいがそうであるが――のように当時政治的・経済的に遅れて近代国家への道を志向しなければならなかった国ぐにの近代化過程においてみられた「保守的な国家思想」の潮流、第三には、やはりイギリスにおいてであるが、先ほどの「政治的保守主義」に対抗してあらわれたベンサムに代表されるような新しい「市民的自由」の拡大・発展をめざす思想系列、そして最後に、従来の政治・社会思想とはきわめて異質ではあるが、しかし近代自然法の精神と深く結びついた、社会主義諸思想の台頭。

ところで、これらの「四つの思想潮流」は一見相互になんの関係もなさそうに思われるが、じつはある一点において共通するものをもっている。それは、いずれもホッブズ、ロック、ルソーたちによって展開された近代自然法思想や社会契約論を先行思想としてもち、それに規定されながら、しかし、「一九世紀」に新しく登場した「不平等是正」の問題とのからみで、先行思想(近代自然法思想)を否定するかあるいは肯定的に発展させるか、という立場の差異をみせていることである。結論的にいえば、第一と第二の思想潮流は、近代自然法思想に反発しそれを全面的に否定している。第三と第四の思想潮流は、新しい時代の出現のなかで、近代自然法思想ではもはや対応できなくなった部分は修正・変更を加えながらも、その「自由・平等」という基本的理念はこれを受け継ぐ、という方法をとっている。そこで本章では、第一と第二の思想潮流の特質についてまず述べることにしたい。

政治的保守主義の思想――バーク

「政治的保守主義」というターム(用語)には、ドイツの政治学者・社会学者マンハイム(Karl Mannheim, 1893–1947)の定義にもあるように一定の政治的意味内容が含意されている。それは、政治的・経済的に支配する階級や階層が、新しく登場しつつある下位階級や階層の政治的進出を阻止し押さえ込もうとする思想態度を意味する。したがって、この「保守的」というタームは、だれかが歳をとってきたので頭が古くなったとか、あるいは生活や活動の面で万事に消極的になったとかいうような、日常会話においてよく使われる意味内容とは異なる。

近代における「政治的保守主義」は、当然のことながら、資本家階級と労働者階級との対立を生みだした資本主義社会の成立と発展を背景にして登場したものである。この時点で、新しい社会勢力としての労働者階級が、政治的権利(選挙・被選挙権)の獲得や社会的不平等の是正を旗印にして政治・社会改革を要求しはじめたからである。事実、産業革命に成功したイギリスでは、一七六〇年代ごろから、いわゆる小市民的急進主義運動といわれる、主として選挙権の拡大を要求する運動が活発化し、イギリス支配層はそれに恐怖心を抱きながらその対応策に苦しんでいた。そのさい、「政治の世界」から排除されていた中産・小市民層は、かつて上層市民たちが絶対君主に突きつけた自然権思想を用いて、選挙権は「生まれながらの権利」である、と主張し選挙権の拡大を要求した。しかし、いまや上層市民たちは政治支配の一翼をになう重要な支配階級に成りあがっていたから、かつて自然権思想にたいして抱いた熱い想いはとっくの昔に忘れ去っていた。だからこんどは中産・小市民層が、近代自然権思想の旗を高くかかげて歴史の進歩の方向を切り開いていくことが必要となった。したがって、それを阻止しようとする支配層側は、こんどは自然権思想がいかに虚構に満ちたものでありかつ危険な思想であるかということを示す必要があった。その役割をになって登場したのが、これから述べる「政治的保守主義」の旗手エドマンド・バーク(Edmund Burke, 1729-97)であった。かれは一七六五年にウィッグ党ロッキンガム首相の秘書となり、翌年には政界進出をはたした。

バークの名前を一躍有名にしたのは、かれがアメリカ植民地人の立場を熱烈に支持したことによる。そのことによってバークは、『コモン・センス(常識論)』(一七七六年)を書いて「独立戦争の父」と呼ばれたペインとも親交を深めることができた。しかし、フランス革命が起こるとバークはさっそく、『フランス革命についての省察』(一七九〇年)を書き、大陸の革命に反対した。他方、熱烈なフランス革命の支持者ペインは、『コモン・センス』のばあいと同じく近代自然法の立場から人権と自由の擁護を主張する『人間の権利』(一七九一―九二年)を書き、バークの変節(転向)をきびしく批判した。結局、バークとペインの論争は、近代自然法(社会契約論)の立場にたつかどうかをめぐって争われたものであった、といってよいだろう。

バークは、フランス革命が過激に走ったのは、ルソーが自然権を主張し社会契約論を唱えたせいだ、という。バークによれば、この世界は神の計画によって各民族の歴史的伝統や文化的特殊性にしたがい漸進的に進行しているのであって、ルソーがいうような「生まれながらに」自由・平等な人間が、同意や契約によって好き勝手に国家や政府を作ったり壊したりすることができるような性質のものではない、と述べて、近代自然権や近代自然法思想にもとづく社会契約論を真向から否定している。

さらにバークは、フランス革命よりも一〇〇年ほどまえに起こった名誉革命直後に制定されたイギリス憲法の一つ「権利章典」(一六八九年)を誇らしげに引用しつつ、そこでは、イギリス人の権利とか古来の大義といった文言《もんごん》はあるが、近代自然法や社会契約論についてはなんら言及されていないこと、そしてそのことが、名誉革命が「無血革命」で収束した理由である、と自国の革命を自画自賛している。(3) しかし、少しでもその時期のイギリス史についての知識があれば、バークの立論がいかに「まやかし」の議論であるか、たちどころにわかるはずである。なるほど名誉革命はジェイムズ二世がオランダ軍の上陸を聞いて大陸に逃亡したため、たしかに「無血革命」で終わったが、その半世紀前にイギリス人民は、「血で血を洗う」激烈な「ピューリタン革命」を闘い、イギリス民主政治の基礎固めをおこなったのではなかったか。このさいバークは「ピューリタン革命」期における流血の惨事についてはまったく素知らぬ顔をしている。また、イギリスの二つの市民革命において、自然権・自然法・社会契約論をめぐる理論闘争が国王派と議会派あるいは思想家たちの間でいかにひんぱんに交わされたことか。バークはそれについても故意に無視している。結局、バークの近代自然法思想批判の狙いはどこにあったのか。

　イギリスでは、一七六〇年代に入って、自然権思想を基盤にした選挙権拡大闘争が中・小市民たちによって展開されていた。イギリス支配層がその運動に恐怖心を抱いたのは、「政治的平等」の要求はやがて「経済的平等」の要求にまでエスカレートするであろう、ということであった。(4) だからかれらは「自然権」というタームにことさら神経質になり、またそれを憎んだ。このとき、海の向うの大陸において、当時世界で最大・最強と思われていた君主国フランスにおいて、「自由・平等・博愛」の旗印を高くかかげた大革命が起こった。その思想的武器こそがルソーの自然権思想であった。イギリスの支配層にとっては、もはやその事態を「対岸の火事」視することはできず、フランス革命という国際的危機状況がイギリス国内政治に波及することを恐れたバークは、近代自然法思想とそこから帰結する政治的・経済的平等化の要求を未然に防ぐ使命感に駆られて、急遽『フランス革命についての省察』を上梓したことは間違いない。かれが近代イギリスにおける「転向」第一号と呼ばれるにいたった経緯は、そうした歴史的「進歩の方向」に冷水を浴びせたためであるが、バークのような「転向」の事例は、日本でも明治初年の加藤弘之（一八三六―一九一六年）に典型的にみられるし、「政治的保守主義」といわれる思想や行動は現代社会においてもいたるところでくり返しくり返しみられる日常的現象である、といってよいだろう。

後進国ドイツの政治思想

フランス革命はイギリス支配層に「政治的保守主義」というヒステリー症状を惹き起こさせたが、他のヨーロッパ諸国にも大きな衝撃を与えた。それはとくに隣国ドイツに統一国家形成への夢を抱かせた。革命の初期には、社交界に出席した貴婦人たちは革命の旗印である三色旗にあやかり、こぞって頭や胸に三色のリボンをつけてダンスに打ち興じたという。しかし、フランス革命が過激化すると、フランス革命熱も急速にしぼんでいった。

フランス革命が勃発したとき、ドイツの生んだ世界的哲学者カントはすでに六〇代の半ばを越える老齢期にさしかかっていた。かれは「下からの（人民）革命」には賛成しなかったものの、フランス革命には共感を示した。サン゠ピエールの『永遠平和の草案』(一七一三年)とともに今日の平和論の先駆的著作といわれる『永遠平和のために』(一七九五年)は、カント七一歳の作品であるが、政治的にはどちらかといえば保守的なかれにしてはきわめてラディカルな内容をもった提案に満ちており、そのことは恐らくフランス革命の影響を抜きにしては考えられないであろう。

カントと並び称せられたドイツ哲学界の巨匠ヘーゲル(Georg Wilhelm Friedrich Hegel, 1770-1831)はフランス革命勃発時にはまだ一九歳の青年であったが、チュービンゲン大学内で組織された革命を支持する政治クラブの有力メンバーの一人となった。かれもジャコバン独裁には反対であったが、当時の革新的なドイツ青年たちと同じくフランス革命の成功のなかにドイツにおける近代的統一国家実現への夢を託していたことは間違いない。しかし、当時のドイツの現状では統一国家を達成する道はあまりにも遠かった。ドイツ帝国には三〇〇諸侯が割拠し、たとえば鹿児島県ぐらいの小さな地域に五〇近い領邦君主がひしめき合っていた。そのなかではフリードリヒ大王(Friedrich II, 1712-86)を擁するベルリンのプロイセン国家とウィーンを中心とするハプスブルク家が突出し、このうちのいずれかがドイツ統一の夢を実現するものと思われていた。実際には一八七〇―七一年の普仏戦争においてナポレオン三世を打ち破ったプロイセン国家がドイツ統一への道を準備することになるが、フランス革命当時のドイツは「引き裂かれた国家」と呼ばれたように、まったくの分裂状態にあった。ヘーゲルは初期著作である『ドイツ憲法(国制)論』

（一七九九―一八〇一年）のなかで、そうしたドイツのみじめな封建的割拠状態を評して「ドイツは本来的には国家とは呼ばれえない」⑤と嘆息している。

結局ドイツでは、フランス革命によって一挙に花開いた啓蒙思想の運動も、全ドイツの統一という具体的施策にはほとんど役に立たず、「観念の世界」のなかでだけ普遍性や統一性を呼称していたにすぎなかった。その偉大な観念の産物がカントの『純粋理性批判』（一七八一年）、『実践理性批判』（一七八八年）、『判断力批判』（一七九〇年）のいわゆる「三批判」であり、ゲーテ（Johann Wolfgang von Goethe, 1749-1832）の文学作品、あるいはまたベートーヴェン（Ludwig van Beethoven, 1770-1827）の音楽作品であった。ここで共通していることは、いずれも人間の自由や個性の尊重をうたい、人道主義的理想主義を高くかかげてはいるが、フランス革命で提起された人民主権の思想や平等観念には消極的・批判的な態度をとっている、という点である。またカントやヘーゲルの思想に、ホッブズ、ロック、ルソー的な近代自然法に立脚した社会契約思想がほとんど欠落していることは、ドイツにイギリスやフランスのような近代市民階級が十分に成長していなかったことを証明するものといえよう。

とはいえ、ドイツにおいても、フランス革命以前からとくにプロイセン王国においてフリードリヒ大王が「上からの近代化」を熱心に推し進めていた。このためカントは、形式的には「人はすべて平等である」としながらも、実質的には封建的要素を多分に残したままの「プロイセン法典」(一七四五―五一年)の制定に「啓蒙」の夢を託し、啓蒙君主を賛美する態度をとっている。

ドイツの領邦制にまつわる封建的体質に失望していた青年ヘーゲルも、晩年になって、とくに一八一八年にベルリン大学(一八一〇年創立)教授として招かれるや、プロイセン啓蒙君主に多大の期待をかけ、プロイセン国家を中心にしてドイツ帝国統一の夢を実現しようとする熱烈なナショナリストになったものと思われる。かれは『法の哲学』(一八二一年)において、イギリスの「市民社会」(資本主義社会)を「欲望の体系」であると批判し、公平無私を旨《むね》とするドイツ官僚――かれらの大半は大土地所有者(ユンカー)層の出身――の統治する国家においてのみ真の自由が達成される、という幻想のもとにプロイセン国家を賛美している。

かれのイギリス資本主義批判はたしかにある面では的を射ている。なぜなら、一九世紀後半になって各国において貧困・失業などの社会・労働問題が噴出してくるからである。しかし、ヘーゲルのイギリス市民社会批判は重要な点で見落している部分がある。それは、イギリスにおいては、個人の創意工夫を重視し、人権・自由・経済的発展の保障のために国家権力の干渉を排除するという精神《エートス》――ヒュームの「文明化された社会」、スミスの「見えざる神の手による予定調和」、ベンサムの「人間理性の開発」などの思想――が、市民革命後約一〇〇年にわたって国民の間で広範に形成されてきている点、したがって、自由への干渉とは闘い、不平等の問題についてはじょじょにではあれ、それを修正していくという自動調節作用が働く柔構造的な市民社会となっていた点を、ヘーゲルは理解できなかったのである。事実、イギリスは一九世紀末ごろから「不平等是正」の問題を解決するために世界に魁《さきが》けて「福祉国家」への転進をはかるが、この点についてはのちに述べる。

さて、ヘーゲルは、イギリス的な、個人自由を基礎におき、市民的活動は市民自身に任せるという市民的原理の重要性を見落したため、結局、大土地所有者層からもっぱら調達される官僚群による政治支配(上からの近代化)を最良のものとして承認してしまっている。そして、そのことこそが、第二帝政滅亡後のヴァイマル共和国の創設まで、ドイツが真の意味での近代化を実現できず、ドイツを封建的体質をもったままの官僚国家として閉じ込めてしまった原因であったといわざるをえない。またヘーゲルは、最晩年期の『歴史哲学講義』(一八二二年より三一年までの計五回、冬学期講義)では、世界史を動かす「世界精神」が、ギリシア、ローマ、イギリス、フランスを経て、いまやドイツに舞い下りてきた、としてドイツ民族を鼓舞している。このような過度のナショナリズムこそが、「日本民族の優秀性」、神国日本による「八紘一宇《はっこういちう》」の正当性の主張と同じく、「ゲルマン民族の優秀性」という精神をドイツ民族に植えつけ、ついにはナチス・ドイツの世界侵略の思想的基盤として膨張させられていったのではないか。結局、ドイツの「偉大」な啓蒙思想家たちやその後継者たちは、近代自然法の原理を真に理解することができなかった。そのため、かれらは、個人の自由や権利を尊重するという精神をドイツ社会に定着させることができず、国家利益《ナショナル・インタレスト》が個人の自由や利益に絶対的に優位するという権力国家観の形成に道を開いてしまった、といってよいだろう。

ところで、近代自然法思想の導入をめぐる事例としてドイツの「民法典論争」がある。フランス革命後、フランスは、自国の近代化のために、近代自然法の立場にもとづく「ナポレオン(民法典」(一八〇四年)を制定した。ドイツでも、イェナ大学教授ティボー(Anton Friedrich Justus Thibaut, 1772-1840)が、『統一的ドイツ市民法の必要性について』(一八一四年)を書いてドイツ民法の近代化を主張した。これにたいしてドイツ歴史法学派の総帥サヴィニー(Friedrich Karl von Savigny, 1779-1861)は、『立法ならびに法律学にかんする現代の任務』(一八一四年)を書き、ある民族の法律は言語と同じく、その民族の固有の文化のなかから内在的に発生する歴史的所産であり、合理的基準によって自由に作ったり廃止したりすることのできるものではない、と反論し、民法改正は時期尚早であるとしてそうした動きに水を差した。近代日本においても、一八九〇年(明治二三)に作られた民法の内容が、自由主義的で日本古来の家族制度を破壊するとして(「民法出でて忠孝亡ぶ」——穂積八束)反対論が続出し、九三年(明治二六)の実施が延期されるといういわゆる「民法典論争」が起こっている。近代国家形成途上における日独両国の思想状況の類似性をしりうる事件としてはなはだ興味深いものがあるのであげておく。

（1）　たとえばルソーの次の言葉。

「人間が一人だけでできる仕事、他の人びとの協力を必要としない技術だけに専念していたかぎり、かれらはその本性によって、……自由に、健康に、善良に、幸福に生き、相互に独立した状態での友好的な交際を享受できたのである。しかし、一人の人間が他の人間の助けを必要とし、一人だけのために二人分のたくわえをもつことが有効だと気がついたときに、平等は消えさり、私有がはいりこみ、労働が必要となった。……そこでは、収穫とともに奴隷状態と悲惨とが芽ばえ、それが増大していった。かかる大きな革命を生みだしたのは、冶金《やきん》と農業にかんする二つの技術であった」〔『人間不平等起原論』第二部、岩波文庫（本田喜代治・平岡昇訳）、中公文庫（小林善彦訳）参照〕。

このときルソーは恐らく無意識的ではあったろうが、のちの資本主義的生産様式の原型と矛盾をみていたのである。

（2）　「……不平等の進展をみれば、法律と所有権の成立が第一の時期、為政者を設けたことが第二の時期、そして第三の最終的時期は、合法的権力から専制的権力への変化、であったことがわかる。すなわち、第一の時期に富者と貧者の状態が、第二の時期に強者と弱者の状態が、第三の時期に主人と奴隷の状態が成立するが、この第三の時期は不平等の最後の段階であり、他のすべての時期が結局は到達する時期であって、ついには、いくつかの新しい変革が、政府を完全に分解するか、またはそれを合法的な制度に近づけようとするのである」（同書、第二部）。旧体制《アンシアン・レジーム》下のフランスの状態において、ルソーは暴力革命か合法的手段による政治改革の必要性と可能性をみていたものと思われる。そして、かれ自身は、「意識の変革」による近代国家への再編を『社会契約論』において提案していたと思われる。

（3）　バークは、『フランス革命についての省察』の「一六八八年革命と王位継承」という節において、フランス革命とピューリタン革命を同一視する傾向を批判し、名誉革命の意義を強調している。そのさいかれは、「権利章典」をひきあいにだし、この憲法が自然法や社会契約論にもとづくものではなかったと述べている。「権利章典」の一節によれば、「……僧俗の貴族および庶民は、……わが国民の完全かつ自由な代表としてここに召集され、……かれらの古来の自由と権利を擁護し、主張するため、つぎのように宣言した。……」(傍点筆者)とある。なおヒュームは、名誉革命体制をイギリスにおける「文明化された社会」の成立として評価したが、そのさい、ホッブズ＝ロック的な社会契約論を批判した。バークとペインはともに「アメリカ独立戦争」を支持したが、バークはヒュームの社会契約論批判を受け継ぎ、ルソー的自然権・自然法思想にもとづいた「フランス革命」を批判して、近代イギリスにおける最初の保守主義者となった。他方ペインは、名誉革命で新しく構築された「名誉革命体制」(国王、貴族院、庶民院からなる議会制民主主義)を、支配層のための政治構造として批判し、ホッブズ＝ロック的な自然権・自然法思想を中・下層民のための政治理論に組み替え、『人間の権利』(一七九一―九二年)を書いてバークを批判して「フランス革命」を支持し、同時に一九世紀以降に先進資本主義国で台頭する「福祉国家論」(福祉資本主義・修正資本主義)をいち早く提唱している(拙稿「近・現代思想の架橋者トマス・ペイン――自然権・自然法思想と福祉国家との接合」、マーク・フィルプ『トマス・ペイン――国際派革命知識人の生涯』田中浩・梅田百合香訳、未來社、二〇〇七年、所収)。

(4)　バークは、同書の「国家と財産」という節において、財産の本質は不平等であると明言し、有産者のほうが国家の保全についてよき配慮をすると述べている。この考えは、自然権の名において普通選挙権を要求したレベラーズ(平等派)にたいして、クロムウェルが選挙権は特権(財産資格)であるとして退けた排除の理論と同じである。

(5)「ドイツは本来的には国家とは呼ばれえない」という言葉は、『ドイツ憲法(国制)論』(一七九九―一八〇一年)序論冒頭にでてくるが、その意味については、くわしくは「『ドイツ憲法(国制)論』の成立にかんする手記」の「第一草稿序文」の「別文、一」の次の言葉。「あるいはむしろドイツの最早国家ではないことがいまや一層明らかとなったのである。国憲を分類し、アリストテレスによって提供された君主政治、貴族政治などの諸類のどれかに属させることをもって職務としている講壇国家学者たちには、ドイツ帝国を正しく取扱うには、どうしたらよいかは決してわからなかった。しかるにヴォルテールはその憲法を率直にアナーキー(無政治・無支配)と規定したが、ドイツが国家と見なされるとすれば、これが最良の名称である。しかしひとは最早ドイツをもって国家と見なすことはできないのであるから、今やこの名称でさえ妥当ではないのである」(ヘーゲル『政治論文集』(上)、金子武蔵訳、岩波文庫)。ややわかりにくい訳文だが、要するにヘーゲルはここで、封建的に分裂したドイツの現状は、イギリスやフランスのような統一的な近代国家になっていないと嘆息しているのである。

第七章　ベンサム主義と社会主義

「ベンサム主義」とは

前章では、「一九世紀」前半の思想潮流のうち、近代自然法思想に敵対的な、それゆえに国(人)民主権的思想に否定的な態度を表明した保守思想の二類型について述べた。そこで本章では、人間の「生まれながら」の「自由」・「平等」という理念を高くかかげて専制(君主)支配と闘った近代自然法の精神原理はこれを正しく継承しながらも、「一九世紀」前半の政治・経済・社会的状況の変化にともなって起こったさまざまな諸矛盾を眼前にして、それらを解決するために、近代自然法思想に新しい理念を盛り込み、「歴史の進歩」の方向を提示した二つの思想潮流——ベンサム主義と社会主義諸思想——について考察する。

日本ではこんにちでも、ベンサムといえば、「最大多数の最大幸福」論を唱えた倫理学者ぐらいにしか考えられておらず、じつは、この原則が、当時のイギリスにおけるさまざまな政治改革運動と密接にかかわっていたということを理解している人はきわめて少ない。さらに悪いことには、軍国主義全盛期の日本においては、ベンサムの思想は「功利主義」・「快楽主義」という名前から連想されて、それはもっぱら私欲追求に走る個人主義的・物質主義的英米思想の権化と目《もく》され、したがって、精神主義や滅私奉公を第一義的に重んじる日本の伝統思想とはまったく合致しない誤った学説である、と非難・攻撃されたのである。

ところで、この「功利」という日本語訳は、明治初期にベンサムの思想が日本に導入されたときに、英語の「ユーティリティ」(utility)という語にあてられた訳語であるが、戦前・戦後にかけての日本の大ジャーナリストでまたイギリス学の大家ともいわれた長谷川如是閑(一八七五—一九六九年)も指摘しているように、「功利」とか「功利主義」とかいう言葉はけっしてベンサムの真意を伝えたものとはいえず、したがって適切な訳語とは思われない。なぜなら、もともと英語の「ユーティリティ」という語は、「有用」、「有益」、「効用」といった、いわば人間が人間らしくその市民生活を享受するために有用・実用的なものという意味合いを含んでいるのにたいし、日本語の「功利」となると、どちらかといえば「打算的」とか「我《が》利《り》我《が》利《り》亡者《もうじゃ》」といった響きを強く感じさせるからである。そのため、この「功利主義」は、明治一〇年代の半ばごろから急速に日本の思想界において優位を占めてくるドイツ理想主義哲学と対比され、長年にわたって「利己主義」の思想というマイナス・イメージを日本人に与え続けてきた、といってよい。

さて、このベンサムの用いた「ユーティリタリアニズム」(utilitarianism 日本語訳では「功利主義」)という語は、イギリス人の間でもその内容がなかなかわかりにくかったらしく、そのためベンサムはのちに、ペインと並んで小市民的急進主義運動の理論的指導者でありかつフランス革命の支持者でもあったイギリスの牧師プリーストリ(Joseph Priestley, 1733-1804)が用いていた「最大多数の最大幸福」〔この趣旨の語はスミスの師グラスゴー大学道徳哲学教授ハチスン(Francis Hutcheson, 1694-1746)が最初に述べたとされている〕なる語を借用して、「ユーティリタリアニズム」とはすなわち「最大多数の最大幸福」と同義である、とした。とすれば、こんにちの日本でもいぜんとして用いられている「功利主義」というネーミングがいささか適切さを欠くものであることはいうまでもない。しかし当面、ほかに適切なうまい訳語が思い浮かばないので、以後、わたくしは、「功利主義」にかえて「ベンサム主義」と呼ばせていただくことにする。

「ユーティリティ」原理の宣言――「コモン・ロー」とロック批判

ベンサムの著作のなかでは、フランス革命勃発の年に公刊した『道徳および立法の諸原理序説』がとくに有名である。この著作は「序説」とはいえ大著であり、第一部では、日本でおなじみの「快」と「苦」を中心にする、人間はなにを好み、なにを嫌うかといった道徳哲学(倫理学)

をめぐっての問題が延々と展開されている。そして第二部では、人権ときわめて密接な関係を有する「刑法」の改正論が中心テーマとなっている。こうした、「人間の本性」の分析からはじまり、政治・社会理論を順次構築していくという学問方法は、ホッブズ、ロック、ヒューム、スミスと続くイギリス伝統の政治・社会分析の特色のひとつであり、ベンサムもまたこの方法を踏襲したものといってよい。

もともとベンサムは、オクスフォード大学では法律学をおさめ、将来は父親の弁護士業を継ぐことを期待されていた。しかし、かれは、かねがね法律家たらんよりも一個の思想家たらんことを目ざし、ごく短期間弁護士業をつとめたのち、はやばやと「思想家の道」へと転進した。そのさい、かれは、過去数百年にわたって「くもの巣」のように複雑に張りめぐらされている「コモン・ロー」(普通法)の法体系に疑問を抱き、「だれもが走りながら読んでもわかる」ような合理的かつ統一的基準によって制定された法典をイギリスにおいて作るべきだと考えた。なぜならば、「コモン・ロー」はたしかに、古来よりイギリス人の自由と権利を守ってきた功績を有するが、数百年にわたって、時代も裁判官も異なる厖大な判決例を集めた「コモン・ロー」には合理的な統一基準が欠ける、とベンサムには思われたからである。この点では、近代国家論の祖ホッブズが同じく「コモン・ロー」に批判の眼を向け、『哲学者〔ホッブズを指す〕と法学徒〔エドワード・クックを指す〕との対話――イングランドのコモン・ローをめぐる』(一六六一年に執筆、公刊は没後の一六八一年。田中浩・重森臣広・新井明訳、岩波文庫）のなかで、かれのいう近代自然法の考え方を基準にして法律を制定するよう説いていることに注目すべきである。時代は異なるが、時代の転換期において、それぞれの時代の先頭に立つこの二人の大思想家がともに「イギリス法の改正」に意欲を燃やしていたというのは興味深い事実である。そして、ベンサムの「ユーティリティ」の原理こそが、ホッブズの近代自然法にかわる新しい法律制定の基準また「市民的自由」にもとづく政治思想であったことは、いまさら指摘するまでもあるまい。

ところでベンサムは、「ユーティリティ」の考え方を、『道徳および立法の諸原理序説』より十数年も早い時期に、つまりアメリカ独立戦争が起こり、またスミスが「経済学の生誕」といわれた『諸国民の富（国富論）』を公刊した一七七六年に、小冊子『政治断章』において展開しているのである。

『政治断章』は二部構成になっている。第一部は、当時イギリス法学界においてコモン・ロー研究の第一人者といわれた恩師ブラックストン（William Blackstone, 1723-80）批判にあてられている。第二部ではイギリス民主主義思想の父ロックの社会契約論が批判され、「一九世紀世界」においては、「ユーティリティ」の原理がそれにまさりかつ有用であることが高らかに宣言されている。したがって、『政治断章』こそは、小冊子ながら、ロックとブラックストンという二大先行学者の政治・法学説に挑戦し、それを批判して、「時代変革」の壮途に旅立たんとしたベンサムの記念碑的著作であった、といえよう。

さて、コモン・ロー批判の意味についてはすでに述べたので、いきなり第二部について論を進める。ベンサムはここで、ロックの社会契約論の不十分性を鋭く批判している。(1) このため、ベンサムは、法思想の研究者たちによって、近代自然法を否定し、国家権力の作る法律(実定法)のみを認めた法実証主義の先駆者としてしばしば位置づけられている。この指摘は一面では正しい。しかしそのことによって、ベンサムが、実定法の背後にあって、その内容の良否を判断する基準としてつねに眼を光らせている道徳的性格をもつ近代自然法思想(「法の支配」の精神)と断絶をはかったと捉えるのは、いささか早計であろう。なぜなら、ベンサムもまた「ユーティリティ」という道徳原理にもとづく法律制定を考えていたからである。

そこで問題は、ベンサムは社会契約論のどの部分について批判したか、という点である。ベンサムも、社会契約論は君主といえども約束は守らなければならないとした点において有用であったと述べ、社会契約論を高く評価している。しかし、ロックの社会契約論では、いかなるときに、どのようにして悪政を批判し、またそれに抵抗するのか、つまりは「悪政」・「善政」の判断をどのようにしてするのかという基準が明確でない、とベンサムはいう。なるほどロックの『政治(統治)二論』を読んでも、もはや国民が契約を結んだ意味(所有権の保護)が失われた危機的状況にあると判断したときにのみ革命を起こしてもよい、と述べられているだけである。これは、ロックの著作が名誉革命の正当性を弁護するために主として書かれたものであることからくる当然の帰結である。しかし、いまやベンサムの時代は、中・小市民層が社会の各分野において多数輩出し、さまざまな要求をかかげて「政治の場」において発言しはじめているような時代である。ここでは、日常的な「権利のための闘争」(イェーリング Rudolf von Jhering, 1818-92)こそが、近代化・民主化をすすめる上での重要な市民活動の一環をなすものであるとの考え方が登場してきている。そこでベンサムは、かれのいう「ユーティリティ」の原理すなわち「最大多数の最大幸福」原理によって作られた法律を為政者が守っているときには「善政」、そうでないときには「悪政」であるという、だれにとっても明白でわかりやすい判断基準を人びとに提示しようとしたものと思われる。こうして「最大多数の最大幸福」原理は、すぐれて「政治改革」の論理へと接合されているものであることがわかる。

「政治改革」を目ざして――「議会改革」と「普通選挙権」の要求

では、「最大多数の最大幸福」原理は、どのようにして実践的な「政治改革」の論理と結びつくのか。先ほども述べたように、ベンサムは、「ユーティリティ」の原理で作られた法律にしたがって政治をおこなう(法の支配)かどうかが、「善政」・「悪政」を判断するキー・ポイントであるとしている。

とするならば、「善政」を保障するためにはなによりも良い法律を作ることが先決である。それには良い議会を構成しなければなるまい。そして、国民大多数の意志を忠実に代表できる、真に民主的な議会を構成するためには、可能なかぎり多数の人びとを政治に参加させる必要がある。そのことは当然に普通選挙権の獲得要求へとつながっていくであろう。このようにみてくると、ベンサムの「ユーティリティ」あるいは「最大多数の最大幸福」原理は、じつは、当時イギリスにおいてもっとも重要な政治問題であった選挙権の拡大要求と密接につながり、普通選挙権の獲得にその標的が合わされていたことがわかる。そのさい、ベンサムは、「自然権」というタームを注意深く避けて、ロックの故事(主権という言葉ではなく「最高権力性」という表現)にならって「ユーティリティ」というソフトな言葉を用いている。このことが、かれの思想が支配層をも含めた広汎な国民階層に受け入れやすいものとなり、一八三二年の第一次選挙法改正の実現にまで漕ぎつけることを可能にした一つの重要な理由と考えられる。

さて最後に、ベンサム主義と近代自然法との関係について少しく述べておこう。ベンサムの「人間観」は、ホッブズやロックと同じく、人は生来自由・平等であり、また合理的判断のできる理性能力を有しているとする、いわば人間を同質的・合理(理性)的存在として捉える「人間観」である。(2) もしも人間が異質で理性能力を欠く非合理的存在であれば、人間の構成する「政治社会」において、そもそも「最大多数の最大幸福」の価値を計算することは不可能であろう。こうした前提に立ってはじめてベンサムは、「一人一票《ワンマン・ワンヴォート》」を基準にする普通選挙権の合理性を主張しえたものと思われる。

また政治制度の面でいえば、ベンサムは、ハリントン、ロック流の権力制限的思想の信奉者であり、経済の面にかんしてはスミス的な「自由放任主義《レッセ・フェール》」をよしとしていた。したがってベンサムの思想は、基本的には近代自然法の思想原理を受けつぎ、それを「一九世紀」という新しい時代に適合的なようにデフォルメしたものといってよいだろう。

しかし、ベンサムの一七・一八世紀的人間観は、ベンサム主義にとって限界ともなった。それは、人間がある一定の社会関係――たとえば資本家と労働者といった関係――におかれると、支配・被支配という質的に異なる関係に転化し、それによってさまざまな政治問題や社会的矛盾が発生することを理解できなかった点である。このためかれは、労働者の団結権や団体行動(ストライキ)権の主張には批判的であった。なぜなら、ベンサムは、資本家も労働者も同じく人間であり、多数の者が団結して一人の人間(資本家・雇主)を威嚇するがごとき行動は人間性に反すると考えていたからである。この問題の解決は、続く社会主義思想家たちやベンサムの後継者であるJ・S・ミルなどによって模索されていくことになる。

とはいえ、ベンサムの「ユーティリティ」原理の提唱は「議会改革」、「選挙権の拡大」などを目ざす政治・社会運動の原動力となり、そのためかれの思想は約半世紀の長きにわたって、保守党の政治家からチャーティスト運動の指導者たちにいたるまで「わたくしはベンサムの子である」といわしめたほどの影響を与え、そのことは、イギリスのみならず、その後の他の諸国における「市民的自由」の発展・確立に大きく貢献したのである。

そこでつぎには、社会主義思想の諸潮流について述べることにする。

社会主義と社会科学

「財産の共有」あるいは「財産の平等化」という要求であれば、遠くはギリシアのプラトンの思想のなかにも、近くは市民革命期のイギリスのウィンスタンリ(Gerrard Winstanley, 1609-52)やフランスのバブーフ(François Noël Babeuf, 1760-97)の主張のなかにもみられる。しかし、貧困・失業・劣悪な労働条件などをめぐる社会・労働問題をトータルに解決するという意味での社会主義思想が起こったのは、近代資本主義が発展してきた、とくに「一九世紀」の時代においてである。

ところで、ひとくちに社会主義といってもその理論・思想や運動形態はさまざまである。ここではそのすべてにわたって論じる能力も余裕もないので、社会主義と社会科学の関係、またマルクスやエンゲルスの唱えた社会主義理論がなぜ「科学的」社会主義と呼ばれるのか、という二点に問題をしぼって考察する。

近代における社会主義的な考え方の最初のものとしては、フランスのサン＝シモン（Claude Henri de Rouvroy, Comte de Saint-Simon, 1760-1825）、フーリエ（François Marie Charles Fourier, 1772-1837）、イギリスのオーエン（Robert Owen, 1771-1858）などのいわゆる「空想的社会主義者」と呼ばれる人びとの著作が有名である。かれらの思想と行動は人道主義的な社会改良主義で、のちにマルクスたちが唱道した、資本主義体制そのものを廃棄し、新しい社会主義社会を作ろうというような社会主義理論とは異なる。しかし、サン＝シモンやフーリエの思想のなかには、こんにちの社会科学の萌芽がみられる。かれらは、当時のさまざまな社会的矛盾を目のまえにして、それらを解決するためには社会それ自体を分析し、そこにおける法則性を発見することが必要である、と気づいていたからである[3]。それ以前の「社会観」では、政治（市民）社会は自由・平等な人間が構成したものとして捉えられていた。したがって、ホッブズ、ロック、ベンサムたちは、社会を構成する基本単位としての「人間の本性」を分析して、人間の自由や安全を確保するためにはどのような政治・社会制度を構築するのがよいかと考えてきた。ルソーのばあいは、すでに不平等の問題が政治的・経済的構造に関係のあることを見抜いてはいたが、その考察はまだ不十分なものであったから、結局は、個人自由の確保と公共利益の実現とを一致させて考えることのできる「一般意志《ヴォロンテ・ジェネラール》」を形成するよう社会契約を結び、その契約に参加した市民たちが「一般意志」にしたがって行動することによって「自由の王国」を実現することを提言するにとどまった。

しかし一九世紀に入ると、いまや近代資本主義の発展によってもたらされたさまざまな社会的矛盾はだれの目にも明らかになった。こうした状況のなかで、サン＝シモンたちは、社会の矛盾を知るためには社会それ自体を分析する必要のあること、またそれによって社会の法則性を発見し、水の流れの法則性を知ってそれを水力発電に利用するように、社会の矛盾を解決しようと試みたのである。このような「社会の発見」こそ、近代の第一期である「一七・一八世紀」と第二期の「一九世紀」の思想状況とを決定的に区別する分岐点を示す指標であり、「一九世紀」においてはじめて「社会科学的なものの考え方」が生まれたものといってよい。同じころ、サン＝シモンの弟子でのちには師と決別した社会学の祖コントも、社会を総合的に捉える「社会学」(社会科学)の創設を目ざし、現状を分析する社会学を「社会静学」、社会の変化・発展を追究する社会学を「社会動学」と名づけ、それによって、社会は変化・発展するもの、またそこには一定の法則性がある、という社会観がヨーロッパ社会において広く一般化されたのである。

したがって、「一九世紀」の思想家たちのメイン・テーマは、いまや「社会の矛盾と運動法則の発見」という、はなはだ困難であるがしかしきわめて意義ある作業に集中した。たとえば伊藤博文に憲法を教示したドイツのシュタイン（Lorenz von Stein, 1815-90）は、若き日のフランス留学の経験から、『現代フランスの社会主義と共産主義』（一八四二年刊、のち『一七八九年から現代までのフランス社会運動の歴史』と改題）を書き、資本主義社会の階級構成を分析しながら社会の運動法則の発見につとめ、それによって社会政策の必要なることを提言している。またイギリスではJ・S・ミルが『論理学体系』全六巻の最終巻『道徳（イギリス的にいえばこれを社会と読みかえるとよい）科学の論理』を一八四八年に公刊したが、その副題は「社会の法則は発見できるか」というものであった。ここでミルは、化学・物理学・数学・天文学・生物学などのさまざまな自然科学的方法を用いて、社会の法則性をあれこれ探究したが、そのような方法では発見不可能なることを確認した。ついでかれは、スミスにはじまる古典派経済学も、社会が永遠に一定不変であるという前提であれば経済社会のメカニズムを科学的に分析しえようが、社会はたえず変化し発展するので、経済学をもってしても社会の法則性を捉えることはできないとした④。結局ミルは、社会は自然界のように科学的に捉えることはできず、その「蓋然性」しか認識できないとして、「歴史の研究」を通じて「蓋然性」を見つけるほかないと述べ、かれの社会の法則性追究の作業は結局のところ挫折してしまった⑤。

このように、一八五〇年代以前には、大半の思想家たちは社会の法則性を科学的に捉えることはできなかった。しかし、社会の矛盾を解決するために、社会の法則性を捉えようとした時代的傾向は、その後の社会科学の発展に決定的な影響を与える要因となった。

「科学的」社会主義の登場

さて、いま述べたような思想状況のなかで、マルクスとエンゲルスの共作『共産党宣言』(一八四八年)がだされた。ここで「共産党宣言」と名づけたのは、当時は社会主義は中産階級の理論、共産主義は労働者階級の理論と考えられていたからだ、とのちにエンゲルスは述べている。(6)マルクスは大学教授の職をえるために博士号まで取得したが、学生時代の言動が左翼的であったということで目的を達せず、『ライン新聞』の記者となったのち、職業革命家としてその生涯を貫く。かれは、ドイツの哲学とくにヘーゲル哲学から弁証法を学び、それを社会に適用して、社会変動の理論をつかんだ。またスミス以後の古典派経済学を丹念に研究し、資本主義社会のメカニズムばかりでなく、そこに資本と労働をめぐる矛盾・対立が存在することを発見した。さらにはパリ滞在中にフランスの社会主義運動の実際をみ、またデザミ、カベー、バザール、アンファンタンなどの革命理論に学び、社会変革をになう主体は労働者階級《プロレタリアート》であることを確信した。

では『共産党宣言』の内容であるが、それによれば、社会的矛盾の根源は、私有財産制や資本主義的生産関係それ自体に内在していること、つまり生産手段(工場・土地・原料など)をもつ少数の資本家階級が、社会の大半を占める労働者階級の「労働力」をきわめて安い「賃金」を払って買い、かれらに「もの」(商品)を生産させ、その利潤の大半を手に入れるところに貧困の問題が発生すること、また利潤追求を至上命令とする資本家たちは、「もうけ」になるとわかればいっせいにその商品の生産に集中するから、そこにいわゆる「生産の無政府性」という弱肉強食の競争状態が起こり、そのため供給が需要を上まわり、「恐慌」という状況が出現し、大資本の生産縮小、弱小資本や中小企業の倒産があいつぎ、そこに失業問題が起こる、として資本主義社会の構造的弱点を鋭く描きだしている。事実、当時は一〇年ごとに「恐慌」が発生していたから、マルクスたちは、労働者階級を資本主義社会の桎梏《しっこく》から一刻も早く解放することを緊急の課題と考えていたことであろう。そのためには労働者階級自身が、みずからの手でかれらを縛りつけている鉄鎖の連環を断ち切らなければなるまい。こうして『宣言』最後のくだりを、マルクスたちは、「万国の労働者、団結せよ」と力強い言葉で結んでいるのである。

そのさいマルクスたちは、サン゠シモンたちの理論は社会の矛盾を資本主義の構造的矛盾としてつまり「科学的」に把握できていない、またそこには革命を遂行する主体(労働者階級《プロレタリアート》)が明示されていないとして、かれらを「空想的社会主義者」と規定し、みずからの社会主義理論に「科学的」という名を冠したのである。

その後、マルクスは、資本主義社会が必然的に崩壊する構造をもっていることをさらに明らかにするために『資本論』を書き、(7) この書は、先ほどの『宣言』とともに、一九世紀中葉から現代にいたるまで、社会主義者たちの聖典として巨大な影響を与えていくことになる。したがって、こんにちの社会科学は、「マルクス以後《ポスト・マルクス》」つまりマルクス主義を好むと好まざるとにかかわらずそれとの関連で、またそれとの対決を抜きにしては語れない、といっても過言ではあるまい。

以上、「一九世紀」前半つまり一七七〇―八〇年代から一八五〇年ごろまでの四つの思想潮流について述べてきた。ここで起こった問題は、続く「一九世紀」後半期にも引き継がれていく。そして、このようにみると、社会主義思想は、一七・一八世紀における近代自然法思想の原理である「自由」と「平等」のうち、とくに「平等」の実現をはからんとしていた点で、近代自然法思想の考え方を「一九世紀」において継承し発展させたものといえよう。

(1) この点については、ベンサムの次の言葉。「社会契約論は、国王といえども約束を守らなければならないことを強制した点で有用であった。しかし、それは、どの点までで約束の違反がなされたとするか、について明確にしていない。国王が約束に違反しているかどうかを判定できる基準こそが、わたくしのいうユーティリティの原理である」。そして、この基準は、具体的には、ユーティリティの原理にもとづいて制定された法が基準となるのである(Bentham, J. *A Fragment on Government*, 1776. Edited with an Introduction by Wilfrid Harrison. Oxford. 1948. pp. 49-56)。

（2）　ベンサムがホッブズ、ロックなどの人間観・社会観を継承している点については、「……社会とは、個々の人間からなる一つの仮想的なものであり、個々人はあたかも、そのものの成員であるかのように、これを構成するものとして考えられるのである。そこで、社会の利益とはなにかといえば、それは社会を構成している個々の成員の利益の総和ということになる」(Bentham, J., *An Introduction to the Principles of Morals and Legislation*, 1789. Edited with an Introduction by Wilfrid Harrison. Oxford. 1948. p. 126)。

（3）　社会の法則性を発見し、社会科学を打ちたてようとした点については、たとえば、サン＝シモンの次の言葉。「われわれが、これからなそうとする検討は、はなはだ重要なことである。その重要さは、政治学におけることがらの相貌をまったく一変させ、政治学にまったく新しい性格を刻印し、われわれの知識のこの部面の性質を変化させるほどのものである。こんにちまでのところ、政治学は、臆見の学にすぎなかったか、あるいはむしろ、政治学においては、ただ通例にしたがいなされたり語られたりしていたにすぎなかったのである」(Saint-Simon, H. de, *Catéchisme des industriels*, 1822-4. œuvres complètes de Saint-Simon. Institué par Enfantin; Huitième Volume. Paris. 1875. p. 15.『産業者の政治的教理問答』高木暢哉訳、『世界大思想全集』10、八ページ、河出書房新社、一九五九年)。

　また、フーリエの次の言葉。「ここに、哲学者たちというのは、不確実科学の論者たち、すなわち政治学者、道徳学者、経済学者その他、その理論が経験と一致せず、自分たちの空想だけを基準とする人びとのことである。そこで、わたくしが、哲学者たちというばあいには、不確実科学の士をいうのであって、確実科学の士をさしているのではない」「まず、こうした考えから、わたくしは、まだ知られていない一つの社会科学の存在を臆測し、それを発見しようと思いたったのである」(Fourier, Ch., *Théorie des Quatre Mouvements et des Destinées Générales, Prospectus et Annonce de la Découverte*, 1808. Troisième

Édition, œuvres complètes de Ch. Fourier, Tome Premier. Paris. 1846. pp. 2-3.『四運動の理論』副田満輝訳、『世界大思想全集』10、一四二―四三ページ、河出書房新社、一九五九年)。

(4) ミルは『道徳科学の論理』において、「社会学の根本問題は、ある社会状態がそれに続いてその地位にとってかわる状態を生みだすときの法則をみいだすことだ」と述べ、また当時の経済学が社会の変動や法則性を捉えていないことについては、「かれら〔経済学者たち――筆者注〕は、一時的な材料から永遠の大伽藍《だいがらん》を打ちたてようと試みたり、その多くが、本質的には流動的であり進化的である社会制度をまったく不変のものとみなしたり、また著者がたまたま住んでいるある特定の社会を除いてはいかなる社会状態にも適用できそうもない命題を普遍絶対的な真理であるかのように、なんらの条件も付すことなく述べたてたりしている」と指摘している。

(5) この時期に、いわゆる近代歴史学の基礎が築かれるのだが、ここで特徴的なのは、一方では古代研究が盛んになると同時に、他方ではイギリス革命やフランス革命などの近・現代史研究が急激にふえていることである。たとえば、ニーブール、ジーベル、シャトーブリアン、テーヌ、ミニェらはフランス革命研究に、ギゾー、マコーリ、カーライルなどはイギリス革命研究に大きな貢献をしている。

(6) エンゲルスは『共産党宣言』一八八八年英語版序文のなかで、なぜ、この宣言に社会主義宣言ではなく共産党宣言と名づけたかについて次のように述べている。「……労働者階級のうちで、たんなる政治革命では不十分なことをさとって、全面的な社会変革の必要を宣言していた部分、その部分はみな、当時は共産主義者と名のっていた。……こういうわけで、一八四七年には、社会主義は中間階級の運動であり、共産主義は労働者階級の運動であった。……そして、われわれの考えは最初から、「労働者階級の解放は労働者階級自身の仕事でなければならない」ということであったから、この二つの名まえのどちらをとるべきかについて、疑問の余地はなかった……」(大内兵衛・細川嘉六監訳『マルクス＝エンゲルス全集』第四巻、五九七―九八ページ、大月書店、一九六〇年)。

（7）マルクスは、一八四九年ロンドン亡命後、大英博物館の図書館を利用して膨大な文献や資料と取り組み、一八六七年に『資本論』に「経済学批判」という副題を付けて、第一巻をハンブルクのマイスナー書店から出版した。八三年マルクス死去後は、エンゲルスが残された原稿をもとに編集作業をおこない、八五年に第二巻を、九四年に第三巻を刊行した。第四巻に予定されていた学説史部分は、エンゲルスの死後、カウツキー(一八五四―一九三八年)によって『剰余価値学説史』として一九〇五年から一九一〇年にかけて出版された。

第八章　社会進化論の流行

社会進化論の登場

一九世紀初頭から中葉ごろにかけて、社会の運動法則を発見し社会の矛盾を解決しようという思想傾向が急速に台頭し、各思想家がいっせいに、自己の理論体系の「科学的」優劣性を競ったことはすでに述べた。したがってマルクスやエンゲルスの「科学的社会主義」もたんに「社会主義理論の誕生」を告げる画期的労作というだけにとどまらず、一九世紀ヨーロッパにおける一連の思想・学問状況の下で生まれた記念碑的な「社会科学」の理論であった、といってよいだろう。しかし、この理論も当時は労働者階級の狭いグループの間でしられていたにすぎず、一八六四年に労働者の国際的組織である国際労働者協会(第一インターナショナル、七六年に解散)がロンドンで結成され、しだいに浸透しはじめたものの、いまだそれほど大きな影響を与えるまでにはいたらなかった。

こうした「社会科学の不在」という状況のなかで、一見「科学風」をよそおった新しい社会理論が登場し、一九世紀後半期に入るとその理論は世界各地をかけめぐり、ついには極東の国日本や清末中国にまで飛火し、三〇―四〇年間ぐらいにわたって一世を風靡した。その理論が「社会進化論」である。こんにちでは、社会進化論なる語や学説はほとんど死語に近い忘れ去られた思想であるが、近代政治学や近代経済学あるいは社会学がいまほどに発展していなかった当時においては、この社会進化論は各国の知識人や思想家たちの間で珍重され、のちに述べるようにさまざまな国ぐににおいて重要な政治的あるいはイデオロギー的機能を発揮した。

さて、社会進化論の元祖は、イギリスの哲学者・社会学者・政治学者スペンサーである。その理論内容は、「社会の進化は、生存競争、適者生存、自然淘汰《とうた》にもとづく」というきわめて単純明快なものであった。そして、この社会進化論はダーウィン(Charles Robert Darwin, 1809-82)の生物進化論のアナロジーであるから、「科学的」である、と僭称された。スペンサー自身は、社会進化論がダーウィンの『種の起源』(一八五九年)からヒントをえたといわれるのを嫌って、それ以前から考えてきたことだと述べているが、生物進化論自体は、すでにラマルク(Jean-Baptiste Pierre Antoine de Monet, Chevalier de Lamarck, 1744-1829)らによって長年にわたり唱えられてきていたのだから、先のスペンサーの言葉は額面通りに受けとってもよいだろう。いずれにせよ、社会進化論は、『種の起源』の公刊によってますます評判をかちえ、普及化していったことだけは間違いない。なぜなら「身分から契約へ」と書いて有名なメーン(Henry James Sumner Maine, 1822-88)の『古代法』(一八六一年)やバジョットの、イギリスの議院内閣制の政治システムをはじめて明らかにした『イギリスの国家構造』(一八六七年)、『物理学と政治学』(一八七二年)などの著作も、多分に社会進化論的な方法によってその理論を展開しているからである。

ところで、この社会進化論は、エンゲルスもその『自然弁証法』(一八七三―八三年執筆)において鋭く指摘しているように、自然界の法則をそのまま社会の法則に移しかえている点でひどい誤りをおかしているといえるし[1]、その意味で、およそ社会科学とは縁もゆかりもない無内容な言葉の遊戯にすぎない「学説」だが、当時は、社会科学の理論が未発達であっただけに、社会進化論が一見「科学風」をよそおって世界各地を徘徊したものと思われる。以下、いくつかの国ぐににおける社会進化論の奇妙なしかし各国の政治的課題を考えるばあいには無視できない、その政治的機能について紹介する。

アメリカ――「競争による進歩」

南北戦争後、アメリカにおいても資本主義が急速に発展した。そのことは当然に、その地においてさまざまな社会・労働問題を発生させた。このときアメリカの資本家たちは、生物の進化は生存競争・適者生存・自然淘汰の法則によってなし遂げられる、という例の「生物進化論」と対比させて「社会進化論」をもちだし、当時、社会・労働問題に苦しんでいた労働者階級にたいして「競争による進歩」というキャッチフレーズによって明るい展望を示唆しつつ、さまざまの当面する社会的矛盾を隠蔽《いんぺい》しようとはかっている。このため、一八六〇年代から八〇年代にかけてスペンサー主義が「科学」の名において一時期大流行した。(2) しかしパリ・コミューンの推移をめぐって第一インターナショナル内部でマルクス派とプルードン (Pierre Joseph Proudhon, 1809-65) 派さらにはバクーニン (Mikhail Aleksandrovich Bakunin, 1814-76) 派が対立し、一八七二年にインターナショナルの本部がパリからニューヨークに移され、マルクス主義がアメリカにおいても普及しはじめると、社会進化論の非科学性が白日の下にさらされ、しだいにその影響力を失っていった。

中国——民族自救・帝国主義反対

社会進化論は、アメリカでは「競争による進歩」というキャッチフレーズによって資本家階級のイデオロギーとして機能したが、清末の中国においては、民族自救・帝国主義反対の理論となった。

中国では、太平天国の乱(一八五一―六四年)、洋務運動(一八六〇年ごろからはじまった西洋の軍事技術などの導入による富国強兵運動)をへて、一八七〇年代の後半に地質学を媒介として進化論が入っている。たとえば、譚嗣同《たんしどう》(一八六五―九八年)、康有為《こうゆうい》(一八五八―一九二七年)などにもその影響がみられるが、日清戦争(一八九四―九五年)の敗北後、明治維新後の日本の教訓に学んで、西洋の学術・思想を導入し中国の近代化をはかろうとする風潮のなかで、哲学者厳復《げんぷく》(一八五四―一九二一年)が、ダーウィンの親友で生物学者のハクスリ(Thomas Henry Huxley, 1825-95)の『進化と倫理』(一八九三年)という小冊子を『天演論』(一八九八年)というタイトルで翻訳したのち、社会進化論は当時の中国思想界に甚大なる影響を与えることとなった。ちなみに厳復は、その後もモンテスキューの『法の精神』、スミスの『諸国民の富』、ミルの『自由論』などをつぎつぎに翻訳している。

また白話運動(大衆の日常語である口語への文学の転換をはかる運動)の提唱者、胡適《こてき》(一八九一―一九六二年)や近代中国の代表的文学者魯迅《ろじん》(一八八一―一九三六年)らも進化論の強い影響を受けているが、胡適がその自伝『四十自述』(一九三三年)のなかで述べているようにこの時期、社会進化論が大流行している。ある理論がひとたび公表されると、思想家や著書の意図あるいは本来の意味とは異なった形でひとり歩きするきわめてドラマティックな事例として、また理論のもつ政治的機能のきわめて興味深い問題を含んだ一例として、やや長文にわたるが引用しておく。

「私は光緒乙巳年（一九〇五年）澄衷学堂に入った。……教員の中で私が最も影響を受けたのは楊千里先生であった。……或る時先生は我々の級に……厳復訳の『進化と倫理』を買わせて教科書にした。……先生の出した作文の題も亦《また》変わっていた。或る時は「試みに生存競争、自然淘汰、適者生存の意義を述べよ」という題であった。……『進化と倫理』を読み、「生存競争、自然淘汰」の文章を作ることは、皆当時の風潮を代表していたといえる。『進化と倫理』は、出版後間もなく全国を風靡し、ついには中学生の読物にさえなった。しかし、こういう書を論ずる人びとも、ハクスレーの哲学史と思想史における貢献を理解しているものはなかった。彼らが理解したのは、ただ国際政治史上における優勝劣敗〔生存競争、適者生存〕の意義であった。中国が屢次《るじ》の敗戦後、ことに義和団事変〔一八九九―一九〇一年、華北に起こった排外的兵乱〕という一大恥辱の後において、この「優勝劣敗、適者生存」の公式は確かに、頭上に下った一種の喝棒で、無数の人びとにある絶大な刺激を与えた。かくして数年の間に、この思想は、あたかも野火の如くに無数の少年の血と心を延焼した。「進化」・「生存競争」・「淘汰」・「自然淘汰」等の術語は悉《ことごと》く、つぎつぎに新聞や論文の熟語になり、一部の愛国志士の「口頭禅《くとうぜん》」にもなった」（『現代支那思想史』郭湛波著、神谷正男訳、生活社、一九四〇年〔昭和一五〕。引用にあたり現代仮名遣いに改めた）。

以上の文章からもわかるように、一九世紀末から二〇世紀初頭にかけての清末中国では、社会進化論は「敗者復活」の理論として読みこまれ、国際政治史上における優勝劣敗の意義と帝国主義列強の侵略下にある中国の危機を人びとに認識させ、民族自救の運動にかりたてるとともに、清朝の近代化・立憲君主制への移行の理論として機能していたようである（ちなみにインドネシアにおいても同様な論理が横行したという）。

ところで、社会進化論は、「適者生存」「自然淘汰」という論理によって現体制を容認するという保守的政治機能をもちうる。事実この理論は、清末中国においても、梁啓超《りょうけいちょう》（一八七三―一九二九年）の理論にみられるように、「清朝勢力の打倒と民主共和国の樹立を標榜する革命諸派の統一組織が形成された一九〇五年を境に、保守の理論として清朝専制を擁護する理論となった」（伊藤秀一「近代の日本と中国における西欧進化論の受容と展開」『中国近代思想史研究会会報』第三八・三九合併号）。

にもかかわらず、清末において近代化を推進しようとした中国知識人層に社会進化論の与えた影響力はきわめて大きかったものと思われる。中国共産党の指導者毛沢東（一八九三―一九七六年）が、『矛盾論』（一九三七年）前半部分において、進化論を徹底的に批判したのち唯物弁証法を展開しているのは、以上に述べた社会進化論と清末中国の知的状況との関係という脈絡を通してのみ理解されよう。

ドイツ――国家有機体説

ドイツでは、ヘッケル(Ernst Heinrich Haeckel, 1834-1919)などの生物学者を通じて社会進化論が導入された。ここでは、のちに述べるスペンサーの社会進化論の意味とは異なり、国家を有機体と見たて(国家有機体説)、全体が個に優先するという考え方につながる方向において、ドイツ特有の保守的政治思想の補強物となった。そして、この国家有機体説は、自由・平等な諸個人が政治社会を構成するという社会契約論を、国家の統一性を妨げる原子論的国家観として否定しさる役割をもはたしたのである。こうしたドイツ・オーストリア系の社会進化論は、つぎに述べる加藤弘之に援用されて、自由民権運動にたいする、近代日本における最初の「政治的保守主義」の思想的根拠とされるのである。

日本――加藤弘之の『人権新説』

これまで、アメリカ、清末の中国、ドイツにおける社会進化論の政治的機能のちがいについて述べてきた。この理論自体が、「社会の進化は、生存競争・適者生存・自然淘汰による」という、考えてみれば、いかなる社会事象にもあてはまるが、しかし実際には社会科学的にはまったく無内容な理論であるだけに、思想家たちはこの理論を自由自在に、また自己の立場に適合的に解釈できたのであろう。

ところで、近代日本において社会進化論を最初に抗争的政治思想にしたてあげたのは、山路愛山(一八六四―一九一七年)も指摘しているように(「現時の社会問題及び社会主義者」『独立評論』第三号、一九〇八年(明治四一)五月)、一八八二年(明治一五)に『人権新説』を著し、社会進化論を以て天賦人権説(社会契約論)を駁撃《ばくげき》した加藤弘之である。(3) 加藤は、一八七〇年(明治三)に『真政大意』を公刊したが、その内容は旧幕藩体制のイデオロギーであった儒教的教説を痛烈に批判し、ルソー的な社会契約論を展開したものであった。そのため加藤は福沢諭吉と並んで、明治維新直後の啓蒙期知識人のスーパースターとして賞揚されたのである。加藤がこのような斬新な西欧理論をなぜ展開しえたかについては定かではないが、維新前に西欧の思想や制度にかんする文献を翻訳する幕府の蕃書調所《ばんしょしらべしょ》に勤務し、そのさいかれがオランダ語の文献を読んで西洋政治思想の知識をえたのではないかと推測される。オランダは、イギリスほどではないにしても、それと同じぐらい民主主義の発展した国であったし、アルトゥジウス(Johannes Althusius, 1557-1638)、グロティウス(Hugo Grotius, 1583-1645)、スピノザなどの民主主義的思想家を輩出した伝統をもつ国であったから、かれが手にしたオランダ語の政治にかんする文献もそうした内容をもっていたのではないかと思われる。

ところで幕末期になると、オランダだけでなくイギリス、アメリカ、フランス、ドイツなどの文献も入ってくるようになる。たまたまそのころ、電信機がプロイセン国王より将軍に贈呈され、その使用法を学ぶよう加藤ほか一名の者が命じられた。加藤がドイツ語やドイツ思想と接触するようになるのは、こうしたきわめて偶然的なことからはじまったのである。当時、ドイツはヨーロッパにおける新興国として注目を浴びていた国であり、誕生まもない近代日本にとってはいろいろな意味でなにかと参考にするのにつごうのよい国であった。加藤はその点でドイツに興味をもち、ドイツ語の習熟につとめ、ドイツの政治や思想にかんする文献を読み、やがて日本におけるドイツ学の第一人者となる。この点、福沢がオランダ語から英語に転進し、イギリス学の大家となるのときわめて対照的である。このドイツ学とイギリス学が、その後の日本近代化のプロセスにおいて重要な対抗思想となることについては[4]、のちに述べるとして、加藤が啓蒙思想家から政治的保守主義者に「転向」するにさいしては、かれがドイツ学を修得し、ドイツ政治・法思想を受容したこととときわめて深い関係があるように思われる。

その成果のほどは、かれのドイツ語文献の読みぐあいやドイツ思想理解の進展度、また福沢が終生野《や》にあったのとは異なり、明治新政府に仕え、急速に出世街道の階梯を上りつめていくプロセスとも関連してあらわれてくる。かれは、明治四年ごろ、明治天皇の侍講となり、政府や法についていろいろ進講しているが、そのさい種本としたのは、のちにかれ自身が翻訳刊行した、スイスの法学者でドイツの各大学教授をも歴任したブルンチュリ(Johann Caspar Bluntschli 1808-81)の『国法汎論』〔一八七二年(明治五)、原題 *Allgemeines Staatsrecht*, 1851-52〕であったといわれている。また当時、極端な国学者たちが神国日本を唱えていたことに反発してか、天皇にたいして、天皇は神になってはならない、とまで進言している。

ところでブルンチュリは、思想的には自由主義的な政治学説の立場をとっていたが、しかし、英米仏にみられるような社会契約論的な国(人)民主権主義をとることには反対していた。加藤も、当時の明治(藩閥)政府を支える重要メンバーの一人として、その立場をとり、『国体新論』〔一八七五年(明治八)〕では、「私事の自由」(いわゆる自由権)と「公事の自由」とを区別し、文明のすんでいない国では、「公事の自由」つまり参政権は早急に与えるべきではなく、むしろフレデリック(フリードリヒ)二世のような君主専治(君権が無限であるような政体)が当分の間必要であると述べている。このことは、かれが一八七四年(明治七)の板垣退助(一八三七―一九一九年)らによる「民撰議院設立建白書」の請願運動にたいして、時期尚早論を唱え、自由民権論者たちに意外の感を抱かせた行動と奇妙に一致しているが、ドイツ思想の理解の深まりと、かれ自身の政治的地位の上昇が、かれにそのような思想的スタンスと行動をとらせるようになったことは間違いない。

そして、一八八二年(明治一五)の『人権新説』において、ついにかれは、「公事の自由」(公権)を主張する、かれのいうところの過激な天賦人権主義はいうに及ばず、「私事の自由」(私権)を天与のものであると考える穏健な天賦人権主義すらも、すべて妄想主義であるとして一蹴してしまっているのである。「生得の権利」を主張する天賦人権主義(社会契約論)は、とくに「明治一四年の政変」後、ドイツ型の国家を日本に創設しようとしていた当時の明治(藩閥)政府のリーダーたちの国家構想《ネーション・ビルディング》と大きく食い違ってきはじめていたから、加藤の『人権新説』は、天賦人権論をかかげて明治政府の存立を脅かす自由民権運動を叩き、明治政府の正当性を弁証するために書かれたものであることはいうまでもない。かくして、明治初年には社会契約論をかかげて幕藩体制のイデオロギーである儒教教説をきびしく批判し、啓蒙思想家として華々しく登場した加藤も、わずか十数年後には社会契約論を妄想主義ときめつけ、のちの明治憲法体制に道を開くことになる君主専治論を唱え、いわゆる「加藤の転向」として人びとの耳目を驚かし、日本最初の「政治的保守主義者」、日本のバークと呼ばれるほどの理論を展開するにいたったのである。

このとき、加藤がその理論転換に用いたのが、当時、世界的に大流行していた「社会進化論」であった。もとより、本家スペンサーの社会進化論は次章において述べるように、加藤が適用した方法とも問題意識とも似ても似つかないものであり、じつはスペンサーの社会進化論は、イギリスのみならず一九世紀後半から末にかけて世界的規模で問題となっていた労働問題・帝国主義問題・植民地問題などをどのように解決すべきかというきわめて深刻な問題とかかわっていたのだが、加藤はそのような問題については知る由《よし》もない。かれはただ、自己の政治的立場の変化を正当化するためにのみ、目前にあった同時代的社会理論を、しかもスペンサー的イギリス流の社会理論ではなく、ドイツ経由の、国家の個人にたいする優位を弁証するためにデフォルメされた社会進化論的国家有機体説を借用して、明治政府の国家基本政策を正当化しているのである。

『人権新説』――社会契約論の否定と社会進化論⑤

では、加藤はなぜ社会進化論を用いて社会契約論(以下、天賦人権論とする)を批判したのであろうか。加藤は明治初年に、社会契約論という当時の日本人にとってはきわめて目新しい西欧思想を用いて、神国日本を高唱し攘夷思想に固執する儒教イデオロギーを粉砕しヤンヤの喝采を浴びた。その後加藤は維新政府に出仕することになり、一八八一年(明治一四)には明治政府の教育の総本山たることを目ざして創設された官僚養成大学東京大学の初代綜理という重要ポストについた。そのさい政府部内の極端な保守派のなかには、加藤の天賦人権論はわが国体に反し、新政府の基礎を脅かすものとみて、かれにたいして不満の声をあげる者もいた。加藤自身なんらかの理論転換が必要であった。しかし、そのばあいに、まさか、かつてかれが痛烈に批判した儒教イデオロギーによって、一八七四年(明治七)以来ますます高揚しつつあった自由民権思想や運動を叩くわけにはいくまい。あれこれ内外の書物を読み漁《あさ》っていたが、一八八〇年(明治一三)の五、六月ごろ、かれは、オーストリア人カルネリ(加爾尼)の道徳と進化主義との関係を論じた書物を手にし、これこそわが意を得たりとばかりにひざを叩いてこおどりした、と『人権新説』冒頭において述べている。

当時の日本人にとって、文明開化とはすなわち舶来文物の輸入と同義語であった。外来思想によって外来思想を叩くことほど説得力がありかつ「新鮮な《フレッシュ》」方法はなかったであろう。しかも、社会契約論は一七・一八世紀の政治・社会思想であり、社会進化論は明治維新期と同時進行しつつある一九世紀中葉以降の最新流行の思想である。すでに社会契約論は西欧世界においても時代遅れの古びた思想と思われていた時代であった。それに、奇妙なことに、新しい思想は古い思想よりもつねに正しいという錯覚がわれわれ人間にはある。ところがじつは英米系の思想においては、一七・一八世紀から一九世紀にいたる思想的発展をみるとき、古き良き思想のうちで原理的に継承されるべき部分は残しながらみごとに新しい時代へと適応させつつ、つなげていっているのだが、加藤はそのようなことはご存知ない。というより、近代国家へ転換したばかりの日本において、そうした西欧民主主義思想の継承・発展関係を理解せよ、ということ自体、どだい無理というものであったろう。しかも、そもそも加藤の社会契約論理解自体が外国文献のひきうつしで、その理論が登場してきた歴史的背景や意味内容などについて十分に承知していたものとも思えない。とすれば、状況の進展、自己の政治的立場の変化に応じて、自在に外来思想を切り貼りすることなどは、かれにとってはなんら原理的な痛痒《つうよう》を感じさせない、とるに足りない問題であったかもしれない。こうして、かれは政治的便宜主義によって、社会契約論から社会進化論へと一挙に飛躍でき、しかも、そのこと自体にここちよい「学問的」満足感を覚え、また自己の政治的立場の変化と新思想との整合性を信じて疑わなかったものと思われる。

さて『人権新説』の構成は、バーク同様に、内容的にはなんらの深みも感じさせない、全篇これ自己に好都合な論理が巧みに羅列されているばかりである。かれもまたスペンサー流に、社会は、生存競争・適者生存・自然淘汰の法則によって進化する、という。しかし、スペンサーとは異なり、加藤はその論理から、人間には生来、強者と弱者がいる、したがって、人間が生来、自由・平等であるというホッブズ、ロック、ルソー流の社会契約論はまったくの妄説であり、ましてやそうした人間が、記憶を絶するような太古の時代に、国家を作ろうというシュプレヒコールのもとに集合した事実などは歴史上どこにもみあたらない、という結論を導きだしている。このあたりの加藤の論理さばきはバークと酷似している。こうして、加藤によれば、人間にとって生得(生来、先天的)の権利はなく、人間の権利・自由はすべて国家や政府の設立後与えられた得有(後天的)権利しかない、ということになる。

このように社会契約論の論理的前提を「粉砕」したのち、いよいよ加藤は明治政府を正当化する偉大な事業に向って船出する。適者生存の原理に立てば、現在《デ・ファクト》の政府である明治政権は正当な政府ということになる。しかも、このことは、社会進化論から十分に証明されるとして、かれは小賢《こざか》しくも、自己の立場を「科学的」であると僭称し正当化している。日本思想史上、「科学的」という用語はおそらくこのときはじめて登場したのではないかと思われる。

それはともかくとして、社会進化論の立論には支配層にとってもつごうの悪い弱点がある。それは、「生存競争」の理論を表看板にしている以上、「敗者復活」つまり現在の弱者でも勝者になりうるチャンスがあるからである。清末の中国では、そのような「読みこみ」がなされて民族自救の思想が中国人民の魂をゆり動かした。日本においても、自由民権運動が藩閥政府を打倒する可能性がないわけではない。そこで加藤は、自由民権運動は、非文明的な下等平民による「不正なる優勝劣敗(生存競争)」である、としてこれを否定する。そして、イギリスの歴史は、上等平民が旧来の強者である君主や大地主階級にしだいに譲歩させた「良正なる優勝劣敗」の歴史であるとして、それを賞揚している。このため、自由党系の政治思想家馬場辰猪《たつい》(一八五〇―一八八年)は、科学の主唱者加藤が、優勝劣敗の法則に良正・不正の区別を立てている点を突いて、法則にいいも悪いもあるものかと嘲笑している。『人権新説』をめぐっては、馬場のほかにも当時の代表的オピニオン・リーダーたち、たとえば自由党系の植木枝盛《えもり》(一八五七―一九二年)、改進党系の矢野文雄（一八五〇―一九三一年）、初代東大社会学教授外山正一《まさかず》（一八四八―一九〇〇年）らがただちに批判の筆をとり、いわゆる「人権新説論争」がしばらくのあいだ論壇をにぎわしたのである(6)。

その後、加藤は宮中顧問官（一八九五年〔明治二八〕）、男爵叙任（一九〇〇年〔明治三三〕）、帝国学士院長（一九〇五年〔明治三八〕）と栄達していくが、明治末年ごろからいわゆる天皇機関説論争が起こると、『国家の統治権』（一九一三年〔大正二〕）を書いて、自分は美濃部達吉（一八七三―一九四八年）君よりは上杉慎吉（一八七八―一九二九年）君のほうをよしとするが、上杉君らの用いている儒教的国体論には反対で、「天皇の地位」については社会進化論で説明すべきだとの訓戒を垂れている。また、社会進化論の相対的権力観（優勝劣敗）はわが万邦無比の尊厳なる国体に反する、という極端な国家主義者たちの批判についても、進化主義は皇室の尊厳といささかも矛盾するものではないことを強調して、けっして進化主義の旗を下ろそうとはしなかった。そして、この頑固一徹な明治知識人の典型加藤弘之は、いよいよ大正デモクラシーが開花せんとする前夜の一九一六年（大正五）にその栄光に包まれた「花の生涯」を閉じる。

（1）「生存闘争についてのダーウィンの全学説は、ホッブズの「万人の万人にたいする闘争」と競争についてのブルジョア経済学説、それにマルサスの人口論を、たんに社会から生物界に移しいれたにすぎない。こういう芸当をやりとげたあとでは……、こんどはこの学説を自然史からふたたび社会史に逆にもちこむことはきわめて容易であり、しかもこれらの主張が社会の永遠の自然法則であることがこれによって証明された、と主張するのはあまりにも素朴すぎることである」(エンゲルス『自然の弁証法』(一八七三―八三年)、菅原仰訳、大内兵衛・細川嘉六監訳『マルクス＝エンゲルス全集』第二〇巻、六〇九ページ、大月書店、一九六八年)。エンゲルスは、ダーウィンが社会進化論を唱えていたように述べて批判しているが、ダーウィンは社会進化論者たちによって利用されたにすぎない。したがって、ダーウィンの名を冠した帝国主義的侵略政策を意味する「社会ダーウィニズム」という用語も誤用である。ダーウィンは一八六五年の「ジャマイカ反乱」において、ミル、スペンサーたちとともに黒人側に味方した民主主義者であるだけになおさらである。

(2) アメリカにおけるスペンサー主義の流行については、永井道雄「スペンサー主義の流行」『思想』第三九三号、一九五七年七月、五二―五三ページ、参照。ここで永井氏は、一八八〇年代にアメリカでスペンサー主義が流行した理由として、一つには、その科学的アプローチの方法に魅力を感じたこと、さらには、この理論は、競争による進歩の信念を権威づけ、進歩のために搾取や貧困を正当化するものであった、と指摘している。

(3) ここで山路愛山は次のように述べている。「日本にて進化論が始めて人心を動かしたるは明治十三・四年の交に在り。就中《なかんずく》、明治十五年博士加藤弘之男爵が人権新説を著はし、進化論を以て天賦人権論を駁撃したる時を以て世人が最も深く此《この》問題に注目したる時なりとす」(岸本英太郎編『明治社会主義史論』八七ページ、青木文庫、一九五五年)。また、高山樗牛も、「明治思想の変遷」(『太陽』明治三一年四月)のなかで、加藤を日本における保守主義の先駆者である、と評している。日本における社会進化論の影響について最初にまとめたものとしては、小山東助『社会進化論』(東京博文館、明治四一年)

がある。明治年代に社会進化論が日本に与えた影響は、加藤の著作のほかに、有賀長雄『社会進化論』『族制進化論』、キッド『社会の進化』(角田柳作訳)、建部遯吾『社会学序論』『社会理学』、浮田和民『社会学講義』、遠藤隆吉『近世社会学』、穂積陳重『法律進化論』、丘浅次郎『進化論講話』などの著作や翻訳からもうかがわれる。なお、社会進化論は、大正年代にマルクス主義が導入されるまでは社会主義者たちにも大きな影響を与えていた。たとえば、田添鉄二『経済進化論』(明治三七年)、「議会政策論」(『平民新聞』第二四・二五号、明治四〇年二月)、高畠素之『社会主義と進化論』(売文社、大正八年)、ルイス『社会進化と生物進化』(荒畑寒村訳、三徳社、大正一二年)、ラッパポート『社会の進化と婦人の地位』(山川菊栄訳、改造文庫、大正一三年)、佐野学『社会の進化』(日進堂、大正一一年)などにみられる。かれらは生存競争を階級闘争と読みかえ、突然変異を革命とみたてたりしているが、この時期におけるマルクス主義理解の弱さがみられる。『資本制生産に先行する諸形態』や『賃労働と資本』などマルクス主義文献が翻訳されたのは、大正八年以降の『我等』誌上あたりではないかと思われる。

(4)　『明治文化全集』(旧)第七巻および蠟山政道『日本における近代政治学の発達』末尾における文献目録を参照して、明治二〇年代末までの憲法、議会制、内閣制、主権論、政党論、地方政治、政治史、政治・法思想などの翻訳書を調べてみると、約一七〇種類ほどある。そのうち約五〇%はイギリスにかんするもので、明治六年ごろから二三年ごろまでに翻訳されたものが多い。フランス関係のものは、明治六年ごろから一五年ごろまでに主として翻訳され、その比率は一五%ぐらいであるが、これは自由民権運動との関係を無視できないであろう。またプロイセン関係のものは、明治一九年ごろから目立って増加してくるが、それでも明治二〇年代末までは全体の約一五%強にすぎない。アメリカ関係のものは少なく、全体の約一〇%程度である。これは、イギリスが立憲君主制であるのにたいしてアメリカは民主共和制であるためと思われる。われわれは翻訳傾向の変遷のなかに、明治前期における政治状況の反映を読みとることができよう。

(5) 近代ヨーロッパ政治思想史上における社会契約論から社会進化論にいたる問題性と比較しつつ、加藤弘之の社会進化論の位置を論じたものとしては、拙稿「明治前期におけるヨーロッパ政治思想の受容にかんする一考察——加藤弘之の『人権新説』を手がかりに」(稲田正次編『明治国家形成過程の研究』御茶の水書房、一九六六年、所収)を参照。

(6) この点については、馬場辰猪は、優勝劣敗に良正・不正の区別を立ててなんになるかと批判している(「天賦人権論」『明治文化全集』(旧)第五巻、四四六ページ)。また矢野文雄は、「人権新説駁論」(明治一五年一二月)において、加藤が「物類天然ノ態勢ト人類ノ権理」とを同一視していることを批判し(前掲書、三九六ページ)、「人権新説ヲ評ス」(『東京横浜毎日新聞』社説)においても、動植物と人間における作用を完全に同一視するのは誤っていると批判している。なお、加藤の国会開設時期尚早論についても矢野は、欧米のような上等平民を創設するには、自由平民をして社会に生息する余地を与えるべきであり、国会を早く開くべきではないか、と述べている(前掲書、四一三—一四ページ)。

第九章 「福祉国家観」の形成

「個人自由」と「公共の福祉」

スペンサーの社会進化論は、ベンサムの「最大多数の最大幸福」原理と同じく、当時のイギリス社会がかかえていたさまざまな難問をいかに解決すべきか、という問題意識から打ちだされた処方箋《カルテ》のひとつであった、と考えることができる。

一九世紀の後半以来、イギリスはもとより、主要な西欧諸国においても、貧困・失業・劣悪な労働条件などの社会・労働問題がますます顕在化しはじめていた。こうした問題を解決する方途をめぐっては、かつて一七・一八世紀の近代国家形成途上において、市民階級が「権力対自由」、「国家対個人」という形で絶対君主と激しく争った原理的問題が、このとき、再び形を変えて登場してきた。

市民革命期には、「権力対自由」、「国家対個人」をめぐる問題は、「宗教の自由」、「人身(身体)

の自由」、「私有財産の不可侵」(財産権の保障)といったような「国家権力からの自由」(自由権)の保障を求めて争われた。この「権力からの自由」という考えは、その後、経済の面では、個人の私的経済活動には国家(政府)はなるべく干渉しないで個々人の自発性に任せるべきだ、とするスミス流の「自由放任主義」として唱えられ、またそのような思想は、政治の面では、「夜警(夜回り)国家」、「最小の政治が最良の政治」(安価な政府《チープ・ガヴァーメント》)という形で表現された。そして、このような自由主義的経済観の普及や国家的実践は、その後のイギリス資本主義の急速なる発展をもたらしたが、それと同時に、イギリス社会において、しだいに深刻化するさまざまな社会・労働問題が生じてきた。いまやだれの眼にも明らかになってきた貧困・失業・劣悪な労働条件などの「不平等是正」のためには、もはや国家(政府)はかつてのように控え目な「夜警国家」の地位に安住しているわけにはいかなくなった。国家(政府)みずからがなんらかの積極的な施策や行動を起こす必要があった。伝統的な自由主義の原理はこれを保持しつつも、しかし新しい社会・労働問題を解決するためには国家(政府)による私的活動にたいする干渉もある程度は認めざるをえない、というういわば二律背反的事態の出現に直面して、「権力対自由」、「国家対個人」をめぐる問題がこの時期、再び新しい様相を帯びて思想史上のメイン・テーマとして登場してきたのである。そこで、いくつかの具体例をあげながら、この問題を考えてみよう。

日本国憲法の第二六条に「教育を受ける権利」という条項がある。この権利は、基本的人権の体系(『世界人権宣言』の分類法にしたがえば自由権・参政権・社会権となる)においては「社会権」に属する、とされている。「社会権」というのは、「公共の福祉」のためにはある程度「個人自由」の制限もありうるとの考えに立って、社会的・経済的に弱者の立場にある多数の人びとの権利を保障しようとするもので、そのさい国家(政府)が、権利保障のために法律を定め、なんらかの行動をとることを認める新しい人権(二〇世紀的基本権)思想である。この意味では、「権力からの自由」を強く主張する自由権思想(一八世紀的基本権)とは一見矛盾するかのようにみえるが、こんにちの現代国家においては、自由権も社会権も、権利保障のためには同様に必要なものとして考えられているのである。ではなぜ、そのような考え方がうまれてきたのか。それについては、先にあげた「教育を受ける権利」を例にして考えてみよう。

一九世紀当時のイギリスでは、当然のことながら、有産者階級の子弟だけが「私立」学校で教育を受けることができた。この点では、明治維新前の日本でも事情はほぼ同じであった。貧困家庭や労働者階級の子供たちは、一〇代になると家計を助けるためにはやばやと働きにでなければならず、またかれらが教育を受けることのできるような学校や施設はなかった。このことは、人道的立場からいってきわめて由々しき問題であった。そのため一九世紀のなかごろから、イギリス議会においても、公立学校を設け、貧困家庭の子供たちにも学校教育を受けさせる必要があるのではないかという議論が起こった。しかし、この問題はそう簡単には進展しなかった。なぜなら、当時、下層階級は税金を払っていなかったので、有産者層は、貧困家庭の子供たちのために、なぜわれわれの税金を振りあてるのか、国家は納税者にたいしてこそ優先的に報いるべきであって、非担税者のために税金の一部を使用することは、「私有財産の不可侵」(財産権の保障)という「個人自由」の権利を侵害するものではないか、という反対論が起こったからである。

こうしてイギリスでは、約半世紀以上にわたって「教育を受ける権利」をめぐっての討論が闘わされたすえ、ようやく、「公共の福祉」のためには「個人自由」の制限もありうる、といういわゆる「社会権」的な考え方に立つ国民皆教育の方向が国家(政府)の施策として実現する運びとなった。つまりイギリスにおいては、教育制度の整備・拡充をめぐっては、「権力対自由」、「国家対個人」というすぐれて原理的な思想の深みにまで突っこんだ討論が長年にわたってなされ、ようやく国民皆教育が実現の日の目をみた、ということである。

この点、明治維新後まもなく義務教育制(一八七二年(明治五))が実施された日本のような国では、それによって国民が大きな恩恵を受けたことは疑いないとしても、イギリスのように「教育とはなにか」をめぐっての国民的規模での原理的論争が不在であったため、その後の藩閥政府主導型の教育政策に簡単に組みこまれていったのとはきわめて対照的である。

一九世紀末における諸改革の動き

以上に述べたように、一九世紀後半から末にかけては、「教育問題」のほかにも、国家や社会のあらゆる分野で、政治上・経済上・思想上の大転換が迫られるという状況にあった。

たとえば、社会福祉・社会保障などの充実を求める問題。このばあいにも先ほどの「教育を受ける権利」と同様に、まず問題となるのは、どこから財源をもってくるか、ということである。当時のイギリスは、「七つの海」を支配する国と呼ばれたように世界最大の植民帝国であった。そもそもイギリス資本主義自体が、一六世紀末以来の植民地獲得を足場にしたいわゆる三角貿易からあがる莫大な利潤によって急速に発展した面がある。一六世紀から一八世紀にいたる時期に、イギリス、フランス、スペイン、ポルトガルなどの植民帝国が、アフリカ西海岸から、カリブ海諸地域やアメリカ新大陸に輸送した「黒人奴隷」の数は七五〇〇万人にのぼるとされ、そのうち生存して目的地にたどりついた奴隷は、全体の約五分の一つまり一五〇〇万人程度であった、といわれている。この時期イギリスは、ジャマイカ島を中心に奴隷たちに「さとうきび」を生産させ、シェークスピアが「もうけの種《オイスター》」と呼んだように、ヨーロッパ向け砂糖貿易によって巨大な利益をむさぼっていた。しかし、一九世紀二〇―三〇年代ごろまでにドイツで「てんさいとう」

の栽培による低廉な砂糖が大量に生産されるようになると、コストのかかりすぎる遠隔砂糖貿易はイギリス経済のお荷物となった。すると、イギリスは、人道主義の立場という美しい標語をかかげて「黒人奴隷」を解放した(一八三三年)。このとき、イギリス議会にはいわゆる「砂糖議員」と呼ばれる約七〇名ぐらいの議員がいたが、政府はこれらの大農園主たちには手厚い補償金をだし、黒人奴隷たちは裸同然で放置された。黒人奴隷たちにとっては、解放はそのまま生存の危機を意味し、解放後がむしろ生き地獄となった。このため一八六五年にジャマイカ島で黒人暴動が起こったが、イギリス総督エアはこれを苛酷に弾圧した。イギリスはもとより、世界の国ぐにの世界史の教科書には、この「血塗られた反乱」についてはまったく言及されていないが、じつは、この反乱をめぐっては、イギリスにおいて言論界を二分するような論争が起こった。J・S・ミル、スペンサー、ダイシー、T・H・グリーン(Thomas Hill Green, 1836-82)、それにダーウィンやハクスリのような人びとは黒人側を支持した。他方、カーライル(Thomas Carlyle, 1795-1881)、テニスン(Alfred Tennyson, 1809-92)、ディケンズ(Charles John Huffam Dickens, 1812-70)などの文学者たちやオクス・ブリッジの歴史学教授たちは総督側を支持した。結局、この問題は総督側の敗北に終わったが、この論争は、イギリスの帝国主義政策や植民地政策に修正を迫った点で注目されてよい(1)。

以後イギリスは、「セポイの反乱」(一八五七—五九年)のような、武力で植民地人を弾圧する帝国主義的な方式を改める方向を検討し、一九〇二年の「ボーア戦争」を最後に、かつてハリントンやスミスがすすめたような植民地の分離・自治の方向を承認していくようになるからである。[3] とすると、イギリスにおいても、社会福祉や社会保障政策を実現する財源を調達するためには、基本的には税制改革その他の方策を考えざるをえない。この問題は、大土地所有者に累進課税をかける方向をめぐって、一九一一年にアスキス(Herbert Henry Asquith, 1852-1928)自由党内閣が「議(国)会法《パーラメント・アクト》」(イギリス憲法のひとつ)を制定し、上院にたいする下院の財政的権限の絶対的優越を定めるのに成功したことによってひとつの突破口がみいだされた。このように考えると、帝国主義問題・植民地問題・奴隷問題などは、じつは社会・労働問題と密接に関連していたことがわかる。ちなみにイギリスでは、「奴隷解放」を宣言した一八三三年に、労働者保護法たる「工場法」が制定されている。

こうしていまや社会福祉・社会保障問題は、一九世紀末の各国における最重要な問題となりつつあった。ドイツでは、一八八〇年代に宰相ビスマルク(Otto Eduard Leopold Bismarck, 1815-98)が世界にさきがけて、「疾病」・「災害」・「養老」の三種の社会保険制度を採用しているが、そのさいかれは用意周到にも、一八七八年に「社会主義鎮圧法」を制定して労働運動や社会主義運動の激化を事前に押さえ込もうとしていたのである(「アメとムチの政策」)。この点、イギリスでは、社会保障政策をすすめながら、それと並行して一八七一年に「労働組合法」を制定しているのは、イギリスとドイツにおける民主主義の発展の度合いをはかるうえで興味深い。

ところで、社会福祉や社会保障政策を実現していくためには、当然に行政機構の整備・拡充が必要となってくる。イギリス、アメリカなどでは、この時期に公務員制度の近代的改革がはじまり、これまで政権政党が自党の息のかかった人物を官吏に任命する、いわゆる「情実主義《パトロネージ・システム》」、「猟官主義《スポイルズ・システム》」の方式(政党が替われば官吏も替わる)をやめて、公正な試験制度によって公務員を採用し、かれらに政治的中立性を要求するかわりに終生その身分を保障するという近代的な「成績主義《メリット・システム》」がほぼでき上がっている。[4] こうして主要諸国において、行政の継続性と専門化を必要とする「福祉国家」への転換の準備がしだいになされていったが、このことはまた「行政部の肥大化」という現象を生みだし、議会政治との関係でさまざまな問題を惹き起こすことになる。

ともあれ、一九世紀後半から末にかけて先進主要国において政治・経済・社会の諸分野で大変貌が起こり、その体質改善が迫られつつあったことは間違いない。そして、このような変化に対応し、これを乗り切るためには、なんといっても国民全体にわたっての「思想の変革」が必要となる。それが最初に述べた「権力対自由」、「国家対個人」の問題をどのように考えるか、という原理的問題であった。スペンサーの「社会進化論」も、じつはこのような論争の一環として提起されたものであった。

スペンサーの社会進化論

社会進化論が一九世紀六〇年代から二〇世紀のはじめにかけて世界各地で大流行し、さまざまな政治的機能をはたしたことはすでに述べた。では元祖スペンサーは、当時のイギリスにおけるいかなる政治的課題に応えて社会進化論を提示したのだろうか。結論からいえば、かれは古典的自由主義の堡塁《ほるい》を死守するために社会進化論を唱道したものと考えられる。

スペンサーによれば、社会の進化とは「個人自由」が拡大されるプロセスであり、したがって「個人自由」が拡大されればされるほどその社会は優級的社会となる、というわけである。かれにあってはドイツのような国家有機体説という国家優位の発想はなく、あくまでも個人優位の社会有機体説が重視されている。この観点からかれは、国家や政府が個人や市民の活動領域に介入するような行為にでることには断固反対する。たとえば、かれは、『人間対国家』(一八八四年)において、政府が工場法を制定したり、種痘法や公衆衛生法が制定されたり、強制的保険制度が作られようとしていることなどにたいしても、市民的自由が束縛されることだ、と批判している。

そして、このことは、かれが当時のイギリス自由党の行動にたいして批判的であったことを意味する。[5] 自由党は当時は商工業階級だけでなく労働者階級の利害も代弁している政党であった。

労働者階級は当然に「不平等是正」のための立法や政策立案を推進することを求めていた。他方、自由党が古典的自由主義の立場を維持しようとすれば、国家や政府による個人自由の制限は許されるべくもなかった。こうして自由党は二つの主義・主張の間に挟まれ、議会内においては社会政策推進のために積極的に発言することができず、しかし最終的にはそうした政策に賛成投票をせざるをえないという苦しい立場に追いこまれていた。スペンサーは社会進化論の立場から断固「個人自由」の制限には反対し、いまや自由党は新保守主義《ニュー・トーリーズム》に陥っていると批判し、古き良き時代の自由党にかえれと呼びかけているのである。

スペンサーは生粋の自由主義者であった。そのためかれは専制を嫌い、権力制限的思考を固く守った。この点で、かれの思想は自由民権運動の指導者板垣退助によっても高く評価されている。他方ではスペンサーは、「不平等是正」のための国家(政府)の干渉政策の意味についてはついにこれを理解することができなかった。この点でかれは保守的自由主義者であった。加藤弘之にみられる「社会進化論」の適用は、そうしたスペンサーの思想に内在する保守的側面を拡大解釈したものといえないだろうか[6]。

これにたいし、もうひとりの自由主義の唱道者と目《もく》されたミルは、スペンサーとは異なり、労働者階級の台頭という時代の趨勢を読みとっている。その証拠にかれは、晩年には社会主義の研究を人びとにすすめている。もっとも、かれの社会主義論はマルクス流の社会革命論ではなく、サン＝シモン、フーリエ流の穏健な社会主義にすぎないが、ミルのようなイギリス思想界の巨匠が「社会主義研究のすすめ」を語っていることの世人に与える影響はきわめて大きいものであったといわざるをえない。なぜなら当時は、いかなる国においても「社会主義」という語は「悪魔の声」として恐れられ、社会主義の思想や運動は苛酷な弾圧を受けていたからである。ミルは、一八六七年の都市労働者への選挙権の拡大により、今後、イギリスにおいても社会主義が日常的に人びとの耳に入るようになる事態を重視して、それへの免疫性をつけておくようにと「社会主義研究のすすめ」を提起したものと思われる。このミルの態度に、われわれはイギリス民主主義の自信とふところの深さを強く感じるのである。

さらに注目すべきことは、ミルが自由主義の聖典と呼ばれる『自由論』(一八五九年)のなかで、古典的な三つの自由(精神的自由、人身の自由、財産権の保障)に加えて、これなくしてはもはや自由は完成しないとして、新たに「団結の自由」をかかげている点である。(7) これこそが日本国憲法でも規定されている労働基本権のルーツである。このミルの主張は一八七一年の「労働組合法」の制定によって結実するが、ここにわれわれはミルと師ベンサムとの間に、思想史上大きな変化が起こっているのをみる。

「消極的自由」から「積極的自由」へ——トマス・ヒル・グリーン

「いまやミル、スペンサーの思想は時代遅れのものとなった」という文章ではじまる、のちのオクスフォード大学道徳哲学教授T・H・グリーンによる『北英評論』のなかの「人生にかんする当代流行の哲学」（一八六八年）なる論文は、「公共の福祉」のためには「個人自由」もある程度制限されうる、という考え方を決定的に方向づけた衝撃的な論文であった。ちなみに、『近代民主政治』（一九二一年）を書いた有名なブライス（James Bryce, 1838-1922）やイギリスの社会保障制度を推進した首相（自由党）アスキスなどは、学生時代にグリーンの薫陶を受けた教え子たちである。

グリーンによれば、自由には、「消極的自由」と「積極的自由」の二種類がある。「消極的自由」とは、ホッブズ、ロック以来の伝統的・古典的な自由の概念で、「外的障害のないこと」を意味する。「言論・思想の自由」や「宗教の自由」などのいわゆる「自由権」の内容がそれにあたる。

ところでグリーンは、これまで人びとは自由を「目的」と考えてきたが、自由は「手段」であると述べる。すなわちかれによれば、人間にとっての目的とは「人格の成長」ということである。ここで「人格」とは、かれがカントやヘーゲルなどのドイツ哲学から学んだ概念であるが、イギリス流にわかりやすくいえば、「人間が人間らしく遇されること」とでもいえようか。つまりグリーンによれば、「人間が人間らしく生きる」ように保障されることが人生の目的だ、というわけである。とすると、自由権のうちでも、たとえば「財産権の保障」という考えが有産者にとってのみ実益があるという事態が発生すれば、多数の貧困なる社会的弱者を守るためには個人自由の制限もやむなし、ということになる。

戦後日本の経済的民主化のためにとられた「農地改革」や「財閥解体」などの措置は、そうした精神に則《のっと》ったものといえ、憲法第二九条の「財産権の保障」の規定で、第一項では「私有財産の不可侵」の思想を堅持しながら、第二・三項においては「公共の福祉」のためには財産権の制限のありうることをうたっているのは、日本国憲法が二〇世紀の新しい人権である「社会(生存)権」的考え方を採用したことを示している。

ともあれ、グリーンは、「人格の成長」を「目的」とし、「自由」をそのための「手段」とすることによって、「公共福祉」のためには「個人自由」の制限もありうるとする、いわば「コロンブスの卵」にも似た新しい「積極的自由」の観念を確立した⑧。

当時、「自由」か「干渉」かの二つの難問の間に挟まれて立ち往生していた自由党にとって、グリーンの理論はいわば「起死回生の妙薬」と思われ、自由党はこれに飛びつき、一八九一年の「ニューキャッスル党大会」において、以後、労働立法や社会保障政策に積極的に取り組む姿勢を示した綱領を採択した。しかし、事態はもはやツー・レイトであった。イギリスの労働者階級は、それまでの自由党の右顧左眄《うこさべん》する態度に業《ごう》を煮やし、みずからの政党を作ることを決意し、一九〇六年には労働党の前身である独立労働党は六名の国会議員を初当選させている。そして、第一次世界大戦後の一九二四年には、ついに自由党は分裂し、のちには保守党と労働党にそれぞれ吸収され、現在では、保守・労働二大政党の陰にかくれて細々とその命脈を保っている。

こうして、イギリスは一九世紀末ごろまでに、ミル、グリーンらの思想的営為によって、こんにちの福祉国家へと転換する道を切り開いていったのである。

(1) ジャマイカ反乱については、イギリス近代史のなかではほとんど無視されてきた。この反乱の意義を明らかにしたのは、トリニダード・トバゴの首相を長年にわたってつとめ、またすぐれた歴史学者でもあったエリック・ウィリアムズ(Eric Eustace Williams, 1911-81)の『帝国主義と知識人(原題・イギリスの歴史家たちと西インド諸島、一九六四年)』田中浩訳、岩波書店、一九七九年(新版「岩波モダンクラシックス」一九九九年)である。総督エアを支持した側のカーライルが黒人蔑視観の持主であり、また労働者階級を無能者呼ばわりし、デモクラシーや一八六七年の都市労働者への選挙権賦与に反対しているのは興味深い。アメリカ南北戦争は、カーライルを激怒させた。かれは、『無謀な企て、さてその後は』のなかで次のように述べている。

「衆愚問題を考えるさいに、近年きわだって注目に値する事件は、最近アメリカで起こった南北戦争とそれにともなう黒人問題の解決である。本来、黒人問題は、最も小さな問題であったし、また闘争に明け暮れる多忙な現代では、その問題自体、人類に多大な関心を呼び起こさせるようなものでもなかった。……すべての有色人種のうちで、白人と接触しても死に絶えることもなく、実際、白人と暮らし、〔その間で〕働き、子孫をふやし、陽気にやっていける野蛮人は黒人だけである。全能の神は、黒人を下僕となるべく定め給うた。……わたくし個人にとっては、黒人問題はこの世で最も緊急度の低い問題、最も取るに足りない問題であったのである」(前掲訳書、一二〇―一二一ページ)。

黒人側を支持した人びとが政府を攻撃したのは、この暴動にかんし、戒厳令を発し、正式な裁判手続もせずにその指導者ゴードンをただちに絞首刑にしたことであった。たとえば、ハクスリは、「……最も有徳なイギリス人――その地位が高く権限がどれほど強い人物であろうと――であれ、女王陛下の領内で最も邪悪な悪党を、かれが邪悪で手に負えない人間という理由だけで逮捕し絞首刑に処するならばその有徳な人でもイギリスの裁判所では殺人罪とされることは確実であろう」。またミルは、議会演説のなかで、「……弁明の機会も与えずに人の生命を奪うことは……刑事裁判所では許されないことであり……」と述べている。こうした活動のために、かれは暗殺の脅迫を受け、また次回選挙において落選している(前掲訳書、一二二―一二五ページ)。

ちなみに、スミスの友人であり、名誉革命後のイギリスの政治社会を「文明化された社会」として賛美していたヒュームは、一七五三年の「国民的性格について」というエセーのなかで、黒人は生まれつき白人よりも劣等であり、したがって黒人のなかからは、これまでいかなる文明国民も出現したことはなく、また個人としてみたばあいにも、その行動・思考の面で傑出した人間が現われたことはなく、独創性に富む産業・芸術・科学なども(かれらの間からは)出現しなかった、と述べていた。こうしたヒュームの「黒人蔑視観」にたいしては、奴隷制反対論者のトマス・クラークスン(Thomas Clarkson, 1760-1846)がきびしく批判していた(前掲訳書(新版)、一五一一六ページ)。

(2) スミスは、『諸国民の富』第四編第七章において「植民地について」というテーマで論じているが、その第三節中の「植民地を自発的に分離するのがひじょうに有利であろう」から引用すれば、「……大ブリテンは、その植民地に対するいっさいの権威を放棄すべきであって、植民地が自分で自分の長官を選任するのも、法律を制定するのも、自分が適当と考えるところにしたがって和戦のことをきめるのも、みなその自由に放任すべし、などと提案するのは、世界中のどのような国民にもまだ採用されたためしがなく、これからもけっして採用されるみこみのない方策を提案することになるであろう。ある属領の支配権を自発的に放棄した国民などというものはまだ一つもないのであって、その属領を統治することがどれほど手のやけるものであろうとも、またそのための経費にくらべてそこからの収入がどれほどすくなかろうとも、そういう国民はまだ一つもない。このような犠牲は、たとえ各国民の利益に合致することがしばしばあるにしても、必ずその誇りをきずつけるものであり、またおそらくなおさら重大なことには、必ずその一部の支配者の私的な利益に反するものであって、それというのも、そうなれば、かれらは信頼や利得をともなう多くの地位の処分権と、富や栄誉を獲得する機会とをうばわれるからであり、しかもこういう処分権や機会は、もっとも不穏で、人民大衆にはもっとも不利な属領でも、それを領有すればほとんどまちがいなくあたえられるものである。それゆえ、もっとも夢想的な熱狂家でも、すくなくともいつかは採用されるというまじめな望みをかけながら、このような方策を提案できるはずもなかろう。とはいえ、かりにそれが採用されれば、大ブリテンは、植民地における年々の全平時編制費からただちに解放されるばかりではなく、植民地とのあいだに自由貿易を有効に保証するような通商条約をも締結するであろうし、しかもこの自由貿易は、現在この国が享受している独占にくらべれば、商人には不利であっても人民大衆にはいっそう有利なものなのである。また、このようにして良友と分れれば、ちかごろの紛争のためにほとんど消滅してしまった母国に対する植民地の自然的な愛情も、おそらくは早急に復活するであろう。そして、この愛情は、かれらが分離するときにむすんだ通商条約をいく世紀間も尊重し、またかれらが貿易においてはもちろん、戦時においてもわれわれの味方になり、不穏で党派的な臣民ではなく、もっとも誠実で親愛な、そして寛大な同盟国になる、という気をかれらにおこさせるであろうし、またそうなれば、あの古代ギリシャの母市とその子孫としての植民地とのあいだにあるのをつねとしていたのと同種の、前者の側における親としての愛情と、後者の側における子としての尊敬とが、大ブリテンとその植民地とのあいだに復活するであろう」(『諸国民の富』㈢、大内兵衛・松川七郎訳、三七二—七三ページ、岩波文庫)。

またスミスは、分離案が採用されないばあいの代案として、植民地に課税するばあいには、その代表をイギリス議会に参加させるよう提案している。「大ブリテンの議会は植民地に対する課税を固執しており、植民地は植民地で、自分たちが代表者をだしてもいない議会から課税されるのを拒否している。もし大ブリテンが、この総連合から離脱すべき各植民地に対し、それが本国と同一の租税を課せられる結果として、またそれが本国における同胞臣民と同一の貿易の自由をみとめられる代償として、この帝国の公共的収入に寄与するその程度にふさわしいだけの数の代表者をだすことをみとめてやるならば、しかも、この代表者数がその後の寄与の増加に比例して増加するようにしてやるならば、重要な地位を獲得するための一つの新しい方法、つまり野心を満すための一つの新しくていっそう幻惑的な目的物が、各植民地の指導的人物にあたえられることになるであろう」(前掲訳書、三八二ページ)。

（3） ホブソン(John Atkinson Hobson, 1858-1940)は『帝国主義論』〔一九〇二年。矢内原忠雄訳『帝国主義論』(上・下)、岩波文庫〕において、金融資本家たちによる帝国主義的行動を明らかにした。またホブハウス(Leonard Trelawney Hobhouse, 1864-1929)は『社会進化と政治理論』(一九一一年)、『自由主義』(一九一一年。清水金次郎訳、三一書房、一九四六年)において、イギリスの帝国主義を批判している。

（4） 日本国憲法第一五条第二項の「すべて公務員は、全体の奉仕者であつて、一部の奉仕者ではない」という言葉は、ヴァイマル憲法第一三〇条第一項の規定とほとんど同じである。ここでは「一部の」が「一党派の」となっている。このような公僕規定がドイツや日本においてとくに明記される必要があったのは、これらの国ぐにでは、官吏は皇帝あるいは天皇の官吏として奉仕してきたからにほかならない。これにたいして、イギリスやアメリカでは、一八八〇年代に入って福祉国家に対応できる公務員制度の改革が論議される以前の約半世紀間以上、選挙に勝利した政党員で官職を独占するいわゆる「情実主義」・「猟官主義」の時代が続いたため、「公僕精神」が培われたものと思われる。ちなみに、リンカーン大統領は公務員の大半を入れ替えることによって「奴隷解放」を断行しえたし、戦前日本でも政友会・民政党の時代にそうした傾向がみられたという。

（5） スペンサーは、*The Man versus the State*, 1884. のなかの「新トーリー主義」という論文において、「こんにち自由党員と目されている者の大部分は、新しいタイプの保守党員である」(p.1)と述べている。ちなみに、長谷川如是閑は、青年時代にこの『人間対国家』の原書を読んでいる(長谷川如是閑『ある心の自叙伝』講談社学術文庫、一九八四年、三三三ページ)。

（6） スペンサーの *Social Statics*, 1851. が板垣退助ら民権論の指導者たちに大きな影響を与えたことは、しばしば指摘されるとおりだが、加藤弘之が『人権新説』において、この本をほとんど評価していないのは、国権論者として当然のことといえよう。なお、イギリスでは社会進化論の影響をうけながら、新しい社会・労働問題に対応していった人びともいる。たとえば、シドニー・ウェッブ夫人をはじめ、「フェビアン協会」のメンバーのなかには、初期にはスペンサー主義の影響をうけ、のちに社会主義へ移行した人びともいるし、ホブハウスは、『社会進化と政治理論』(*Social Evolution and Political Theory,* 1911)において、社会進化論の方法によって、「契約自由の原則」の修正と社会労働立法の促進を主張し、のちのラスキと同じくいわゆる「社会(的)民主主義」を擁護している。

(7)　ミルは『自由論』の第一章序論のなかで、「……第三に、各個人のこの自由から、おなじ限界のなかでの、諸個人の団結の自由、他の人びとへの害をふくまぬどんな目的のためにでも結合する自由がでてくる……。これらの自由が全体として尊重されぬ社会はすべて、その統治形態がなんであろうとも自由なものではなく、またそれらが絶対的無条件的に存在しない社会はすべて、完全な自由をもつものとはいえない」と述べている(『自由について』水田洋訳、『世界の大思想』Ⅱ‐6、一八ページ、河出書房、一九六七年、参照)。

(8)　グリーンは、当時の青年の傾向として次の三点を指摘して、「自由ならんとし、事物を理解せんとし、さらに人生を味わわんとすること、これが近代精神の要求である」と述べている〔河合栄治郎『トーマス・ヒル・グリーンの思想体系』(上)第三版、日本評論社、一九四九年、一八七ページ、同『社会思想家評伝』第二版、日本評論社、一九四七年、二〇三ページ、参照〕。

第一〇章　明治日本と自由主義《リベラリズム》

これまでわたくしは、主として欧米先進諸国における自由主義・民主主義の成立・発展・変化の諸相について述べてきた。そこで本章では、明治維新から日露戦争ごろまで、つまり日本が近代国家の仲間入りをしてから約四〇年ほどかけてようやく世界の列強と肩を並べることができるほどの「国家」へと成長するまでの間に、自由主義や民主主義が、いわば国民国家の形成をめぐる政治課題のなかでどのような理論的かかわりをもったか、について考えてみよう。

戦後日本の学問状況をみると、(超)国家主義や社会主義の思想系譜にかんする研究は盛んになされたが、なぜか自由主義・民主主義の系譜についての研究はこんにちでもそれほど進んでいないように思われる。

明治・大正・昭和と時代が進んでいくなかで、国家主義的傾向がしだいに強まり、満州事変(中国では九・一八事件という。一九三一年)を契機に一挙に軍部ファシズム勢力が台頭するが、その一因として、戦前日本において自由主義や民主主義にかんする思想が国民各層の間に十分根づいていなかったことが大いに関係あると考えれば、現代日本の思想状況を考える上でも、自由主義・民主主義の系譜、およびそれらと西欧デモクラシーの発展状況との比較研究は、今後ますます重要なものとなってくるであろう。

日本は西欧列強が虎視眈々《こしたんたん》とアジア進出を狙っていた一九世紀六〇年代末に開国し、近代国家への転換をはかるが、そのさいアジアの近隣諸国のなかでただひとつ、近代国家の形成に成功した理由のひとつに、維新直後の政府や知識人たちが精力的に欧米の思想・制度を導入し、その近代化に努めたことがあげられる。しかし、この作業も、明治一〇年代の半ばごろから、明治政府が国家主導型のドイツ政治思想を取り入れ、英米系の民主主義思想を駆逐していったため、戦前の日本において自由主義や民主主義が十分に定着しなかったという不幸な事態が生じた。

そこで、本章ではまず、幕末・開国から明治一〇年代ごろにかけての国民国家構想をめぐる二つの路線(イギリス型とドイツ型)の争いについて、つぎには戦前日本の政治的特徴を方向づけたともいえる、明治二〇—三〇年代における封建的かつ権力主義的な藩閥政治と、それに対抗した自由民主主義者たちとの抗争について、主として思想史の面からアプローチ(接近)してみることにしよう。

福沢諭吉と加藤弘之——西欧思想の受容と国民国家構想《ネーション・ビルディング》の二類型(1)

福沢諭吉は一八三四年(天保五)生まれ、加藤弘之よりも一歳余り年長であるから、この二人は幕末・開国期の物情騒然たる危機の時代から、明治維新、自由民権運動、大日本帝国憲法体制の成立、日清戦争にいたるまでの、まことにドラスティックな政治の展開がくりひろげられた時代において、その歴史的体験(「一身にして二世を生きた」――福沢)を共有した同時代人であった、といってよい。しかし、この二人は「明治一四年の政変」ごろを境にして、福沢はイギリス型の議会政治、加藤はプロイセン型の君主専治を主張して、その国民国家形成についての意見を大きく異にするようになる。ではなぜ二人は、このようにその思想的立場を異にするようになったのか。

福沢と加藤は明治五、六年ごろまでは、思想的にはほぼ同じ立場、つまり旧幕藩体制とそれを支えていた儒教イデオロギーを痛烈に批判し、国家の近代化を推進するという、いわば西欧流の自由民主主義の立場をとっていた。かれらが明治啓蒙期を代表する二大スーパースターと目《もく》されたのはそのためである。

ここに明治維新の数年前に福沢と加藤が書いた興味深い作品がある。『唐人往来』(一八六五年)と『鄰艸《となりぐさ》』(一八六一年)である。このときすでに福沢は幕府の使節に従って、一八六〇年(アメリカ)、翌六一―六二年(ヨーロッパ)と二回にわたって外遊し、広く外国の文物・制度・思想にふれていた、当時としてはまれなる「超」国際人であった。加藤のほうは六〇年に幕府の蕃書調所教授手伝いの地位をえて、欧米の書物を読む、これまた絶好の機会をえている。福沢は五九年以来、オランダ語からいち早く英語に転進し、加藤も六〇年からドイツ語を習得しはじめているが、いずれにせよ当時の二人は英米系かオランダ系の書物を読む能力を備えていたといってよい。その意味で先ほどあげた著作はいずれも、ヨーロッパ・デモクラシーの眼でみた「幕政改革論」であった。両作品とも、隣国中国の話という体裁をとり、その国が鎖国政策を取り続け、政治の近代化を怠ったために、西欧列強の侵略を受けたことを指摘し、実際には開国論を主張し、当時の攘夷思想を批判したものである。また加藤の『鄰艸』はある種の立憲的体制を採用すべきことも提言している(2)。

しかし、それから数年後、思いもかけぬ明治維新の大逆転劇によって二人の運命は大きく変る。維新政府は近代化をはかるためにすばやく有為の洋学者たちを勧誘する。加藤や西周《あまね》(一八二九—九七年)、森有礼《ありのり》(一八四七—八九年)などはこのとき明治政府に出仕した人びとである。他方、福沢は出仕を断わる。旧幕臣としての意地、明治政府の近代化の方向がいまだ不確定であること、出版活動の成功、慶応義塾の経営がほぼ軌道に乗りつつあったことなどが主要な理由とされているが、そもそも学者は野《や》にあって政治批判をすべしとする、学者の身の処し方(「学者職分」論)についての考え方において加藤らと意見を異にしていたものといえよう(3)。

維新当初は、『真政大意』(一八七〇年)を書き、ルソー流の「天賦人権説」によって儒教イデオロギーを痛烈に批判していた加藤が、ドイツ語の習熟によるドイツ思想受容の進展およびみずからの新政府における地位の上昇とによって、ついには『人権新説』(一八八二年)においてプロイセン流の君主専治論を唱えるにいたった経緯については第八章で述べたので、ここでは省略する。

他方、福沢は『西洋事情』(一八六六―七六年)、『学問のすゝめ』(一八七二―七六年)、『文明論之概略』(一八七五年)などをつぎつぎに発表し、明治初年の段階で日本における最初の自由主義的文明批評家として、その不動の地位を固めている。したがって、その後もかれは、自由民権運動にみられた一部の過激な行動については批判的であったが、「反抗には理がある」として「権力偏重」に走りがちな政府の行動をたしなめ、当時のきびしい国際情勢のなかで官民が意志統一をはかり、国会を開設してイギリス型の政党政治や議院内閣制を確立し、一刻も早く国民国家の体裁を整えることを呼びかけている。(4)

このように開国から明治国家形成途上において、加藤は「国権」を、福沢は「民権」を重視したが、にもかかわらず、当時の危機的な国際情勢に直面して、日本の国家的独立を最優先視していたという点で、両者の考えは共通している。たとえば福沢のばあいでも、内国の安全つまり国家の統一のためには「人為の国権は権道だがこれに従ふ」(『時事小言』一八八一年)という言葉にみられるように、かれもまた人権・自由の保障よりも国家統一の実現を優位においていたことがわかる。のちの福沢が、もはや中国・朝鮮はたのむに足らずと述べて物議をかもした「脱亜入欧論」(「脱亜論」一八八五年)や日清戦争の勝利に狂喜乱舞した態度も、福沢のうちにひそむ、そうした強烈なナショナリズムをしることによってはじめて理解できよう。ここには、かつてかれが『唐人往来』のなかで、国際社会には「世界普通の道理」があり、日本も産業を興し、世界交易によって国威を高め、ポルトガルのようなすぐれた小国に学べ、と述べていたような国際的平和主義の精神はすっかり影をひそめてしまっている。このことこそ、日本の自由主義がその最初から背負わされていた悲劇的運命を予知させるものであった。

田口卯吉——日本のアダム・スミス

福沢と加藤よりちょうど一世代ほど若く、明治一〇年代から三〇年代末にかけて活躍した自由主義ジャーナリストに田口卯吉(一八五五—一九〇五年)と陸羯南《くがかつなん》(一八五七—一九〇七年)がいる。かれらもまた福沢たちと同じく、旧幕臣の流れをくむ知識人であったが、田口は『東京経済雑誌』を、陸は政論新聞『日本』を根城にして明治中期の思想界に大きな影響を与えた。そこで、はじめに田口の思想について述べる。

西南戦争(一八七七年)が終結し、国内統一の兆しがようやくみえはじめた明治一〇年代以降、過度の欧化主義に偏することなく、しかし欧米の自由な精神や学術はこれを謙虚に摂取し、真に日本人の自覚をうながす思想形成を目ざす田口や陸のような思想的立場が現われた。

　このとき田口は『日本開化小史』(一八七七―八二年)、翌年には『自由交易日本経済論』を矢継《やつぎ》早《ばや》に発表し、明治思想界に彗星の如く登場した。弱冠二十三、四歳であった。

『日本開化小史』は日本人の手になる近代的手法による日本最初の歴史書であった。それはバックル(Henry Thomas Buckle, 1821-62)、ギゾー(François Pierre Guillaume Guizot, 1787-1874)、マコーリ(Thomas Babington Macaulay, 1800-59)などから学んだものと思われる文明史観を古代から徳川幕府滅亡までの日本の歴史に適用したもので、日本の歴史の特殊性と世界の普遍的な歴史の発展とを比較考察しながら、今後の日本の歩むべき方向を確認しようとした画期的労作であった。

　本書は、社会の開化とは、人間が平和の確立と生活の安定へと向って不断にすすんでいく道程《みちのり》であること、社会の開化に合致しない制度は消滅する運命をたどること、そしていまや明治維新を通じて国民の間に、封建的分権思想とは異なる、近代的統一性を保持することによって全国民の安全を保持しようという「ネーション」(国民国家)の観念が生まれてきたこと、⑤ さらに人間は歴史研究を通じて社会の開化の方向を知ることができ、それに沿って社会を構築すべきことを述べている。われわれはこの書の展開のなかにミルやスペンサーの思想をみる思いがする。

　そのほか『日本開化之性質』(一八八五年)では、欧州の開化は平民の、東洋諸国の開化は貴族の導ける開化であると、その開化の違いを明らかにし、欧州現在の開化は自由通商と平民の需要によるもので、文明開化とは社会の有様《ありよう》を平均ならしめること、また開化社会とは吾人《ごじん》の労して作るところのものが必ず本人に帰するような平等社会であるとして、徳川時代の搾取的な領主制を批判し、また加藤弘之の人民軽視論や国会開設時期尚早論にも反対している。

さて田口は、平等社会への開化を実現する方法としては、スミス流の「自由放任主義」、「自由貿易論」をかかげる。かれが日本のアダム・スミスと呼ばれたのはこのためである。かれによれば、自立した個人が分業・協力体制の下に、国家権力によって規制されずに生産活動にはげみ、諸外国と自由な交易をおこなうところに、国民の繁栄と、いたずらなる軍備増強を必要としない平和な「商業共和国」が実現するはずであった。

田口はこうした思想を啓蒙普及するために、イギリスの『エコノミスト』を模した『東京経済雑誌』(一八七九年)を創刊し、死の直前までほとんど毎号のように論説を執筆している。田口の自由民主主義的態度は日清戦争後、軍備拡張論を批判した次の発言、たとえば「余が国家に望む所は版図を拡むるにあらずして、殷富《いんぷ》を望む所にあり、土地を大陸に啓《ひら》くにあらずして、貿易を我が帝国に集むるにあり」(「対外国是」一八九八年)、あるいは日露戦争真只中において、今後日本は英米諸国と手を結び平和外交の方向をとるべきである(「我が政治上および経済上に及ぼせる英米二国の勢力」一九〇四年)との発言などにみられる。

このように田口は終生自由貿易論者として発言し続け、いよいよ深まりつつあった日本資本主義の矛盾についてはこれを看過したけれども、商業共和国論の立場から終始、封建的な藩閥・官僚政治を批判し、その軍国主義的・侵略主義的外交政策に警鐘を鳴らし続けたのである。

陸羯南――自由国民主義としての「日本主義」

陸羯南は「日本主義」を唱えた思想家として、しばしば政治的には保守的な思想家と誤解されているが、かれはのちに述べるように、田口と同じく明治中期の新時代を代表する自由国民主義者である。

かれは、中江兆民(一八四七―一九〇一年)のようなごく少数の人びとを除き、おおかたの当時の知識人と同じく、明治憲法の制定が政党政治を保障し藩閥政治の終焉を告げる一大イベントであると捉え、一八八九年二月一一日、政論新聞『日本』を創刊し、一九〇五年に経営権を移譲するまでの約一七年間健筆を揮った。またかれは一八八八年に志賀重昂《しげたか》(一八六三―一九二七年)、三宅雪嶺(一八六〇―一九四五年)らと「政教社」を設立し、「日本主義」を唱えたが、かれのいう「日本主義」とは、日本の良き伝統はこれを継承しながらも、西欧の思想の良きものはこれを摂取する、というものであった。

したがって陸の思想的立場は、西欧帝国主義列強のアジア進出というきわめて危機的な状況のなかで、日本人が、国内的には国民の利益を達成すること、国際的には諸国民との協調を主体性をもって実現すべきことを主張したものといえる。そして、そのような態度と方法を、羯南は「国民の特立」・「国民の統一」をはかる国民主義と呼び、自分たちの「政教社」グループを新しい国民論派の登場として位置づけている(『近時政論考』一八九一年)。

では、羯南のいう「国民の特立」・「国民の統一」とはなにか。まず「国民の特立」とは、各国民は対等の権利を有すること、日本人・東洋人も西欧人と同じ能力をもっているという民族的自覚を確立することなどを国民に示したものといえるが、これによって羯南を偏狭なナショナリストであったとするのはあたらない。なぜならかれは、国民不在の鹿鳴館外交を批判し、また日清戦争後、政府が「戦後経営」の名の下に国力増強を唱え、「民力休養」を唱える者を国賊呼ばわりすることに反対しているからである。

つぎにかれの「国民の統一」という考えであるが、羯南は福沢・田口と同様に明治憲法体制の成立を自由民権運動の成果と捉え、新しい君主立憲制の確立に国民統一の希望を託している。そして、国民主義の目標は、「国家」と「個人の権利」との調和によって「国民の統一」をはかることで、そのさい自由主義と平等主義が政治上の重要な条件である、と述べている。しかし、この羯南の明治憲法体制についての考えは甘い幻想に終わり、事実、明治二〇—三〇年代の日本の政治は、羯南の考えた方向とは大きく乖離《かいり》し、そのため羯南は終生、藩閥政府との闘争の手をゆるめることができなかった。かれの「言論・思想の自由」をはじめとする藩閥政府との果敢なる闘争は、新聞『日本』がしばしば発刊停止になっていることがなによりもよく物語っている。(6)

ところで、羯南が田口と異なる点として、かれが日清戦争後の「戦後経営」の具体策として「民力休養」をはかる「国家社会主義」を提案していることをあげておこう。ここでかれのいう「国家社会主義」とは、いわゆる弱者救済のために取り組む福祉国家政策を指す。羯南は、こんにちは「文明的危機」の時代であるとし、軍備増強が経済社会を困難にしている一原因であること、またこのような「戦後社会」の問題は近時の欧州大陸での大問題であること、その解決のためにはビスマルクのような「強制的保険制度」を考えよ（「国家社会主義」一八九七年）と述べている。

こうした発言のなかに、われわれは、羯南がたんなる自由主義者の立場から、ミル、グリーン流の社会問題の解決を重視する「社会的」民主主義者へと転換しつつある姿をみる。さらにこれとの関連で、かれは、日清戦争後の軍備拡大の動きに反対して、余裕のできた財政を平和的対外政策に応用すべし（「海軍拡張の声」一九〇二年）、また「戦《いくさ》勝ちて国益々《ますます》危うく、兵強うして而《しか》して民益々貧しき」と述べ、政府の「貧国強兵」策を批判している（「兵強く国貧し」一九〇二年）。

以上、田口と陸の思想について述べてきたが、かれらは、明治前半期（啓蒙期・自由民権期）の民主主義的思想遺産を明治二〇—三〇年代における新状況の展開のなかで組みかえながら、続く

大正デモクラシー期へと架橋するという重要な思想的役割をはたした自由国民主義者であったと位置づけることができよう。(7)

(1) この点については、拙稿「福沢諭吉と加藤弘之――西洋思想の受容と国民国家構想の二類型」『一橋論叢』第一〇〇巻第二号、一九八八年、参照。

(2) 加藤は、『鄰艸』の執筆動機について、のちに(『人陽』臨時増刊「明治十二傑」明治三二年六月発行、六六ページ)、次のように回想している。それによると、西洋の哲学・道徳・政治・法律などの書物を読むと、西洋では人間は皆平等であって生まれながらに天から授った天賦の権利をもっているという思想があることを知り大変感服したこと、また西洋には立憲政体＝議会というものがあって君主や大臣の政治が専制化するのを防いでいるので日本の政治もそのように改革する必要を痛感したこと、当時の日本についてあからさまに書くことはできなかったので、中国をもってきて、中国は昔は善い国であったが、いまは政治が公平でなく衰退しているので西洋を模倣して立憲政体にしなければならない、ということにしたこと、そして、隣国のことを書いたということで『鄰艸』と名づけたが、その意味するところは日本を改革することにあったこと、さらに、西洋のことを善いといえば、政府(幕府)のみならず攘夷家はなおさら嫌うような時勢であったので出版を見合せたこと、立憲政体のことを日本で書いたのはこれが最初のものであること、『鄰艸』は自分が西洋思想を受容したのちはじめて書いた著作であること、などが述べられている。

『鄰艸』では、加藤とおぼしき主人と客の対話形式によって話がすすめられているが、立憲政体を示唆し、公明正大な政治を保障できるような政体としては、西洋流の議会制度を採用した立憲政体が最良であること、また郡県の清朝であっても(日本の幕藩体制を指したものと思われる)、各州の人口の大小に応じて公会官員(代議員)を選出して、大事もしくは非常のときあるいは万民の苦楽に関係する事態が生じたときには一堂に会衆して討議させれば、必ず朝廷にたいして忠誠を尽すようになる、と述べ、幕政の改革を提起している。

次に『唐人往来』(一八九七年(明治三〇)一一月三日から二五日まで『時事新報』紙上に連載したのち、一二月に単行本にまとめ、翌九八年(明治三一)『福沢全集』全五巻、第一巻の巻頭にのせられた)の要旨について述べると、㈠まず福沢は、ペルリ来航後、イギリス、フランスなどを含めて外国との付合いがはじまったにもかかわらず、学者や一般人までが、依然としてなにか外国人が日本国をとりにきたかのように、異国船は日本の海へは寄せつけぬ、唐人(外国人)には日本の地を踏ませぬなどと大騒ぎして攘夷論を唱え、ときには外国人を闇討ちにするような恥ずべき所業をする者もでてきている状況を憂え、それを『唐人往来』執筆の動機としている。㈡次に福沢は、世界に五大州があるが、アメリカ州のうち北アメリカ、ヨーロッパ州は上国、アフリカ州、オーストラリア州は下国、アジア州の国ぐにはアフリカ、オーストラリアとは比較にならないほど進んだ文化をもち、産物も豊富であるが、とかく改革が下手で、千年も二千年も古《いにしえ》の人の言ったことを一生懸命に守って少しも臨機応変に行動できず、むやみに自惚《うぬぼれ》の強い風潮がある、と指摘している。そして、日本は神国であるとして世界諸国との交際を嫌い、外国人を追払わんとする日本人の愚行にたいするいましめとしている。ここで福沢は、ヨーロッパやアメリカでの各国の付合い方をみると、日本の諸大名が相互に親しく付合っているのと同じようなものだと述べているが、本書執筆前に二度も海外渡航をして諸外国を見聞した者にしてはじめて言いえることであったろう。㈢さらに福沢は、これからの世界は、外国と交易することによって、それぞれの国が余計なものと不足のものとを取り替える方法こそが国益につながると説いている。また交易の主体者は商人であると位置づけている点に、新しい時代の到来と市民社会の登場を予期させるものがある。㈣したがって、外国交際の基礎は交易にあるとする福沢は、日本の学者の大半がいっせいに海防策を書き、軍備を固めることを説き、あるいは隣国中国の林則徐と同じく力によって外国人を排除するような誤った考え方をとることに反対し、国と国との間で条約を結んで「世界普通の道理」に従って平和な交際をせよ、とすすめている。ここで福沢は、ポルトガルの例をあげ、この国は現在では小国であるが、古来より政事正しく外国と交わるにも実意を尽して行動しているので、大国も容易に手がだせないとして、国際社会には「世界普通の道理」が存在することを強調し、日本も産業を興し世界交易によって国威を高めよ、と述べて『唐人往来』を結んでいる。

(3) この点については、加藤は『明六雑誌』第二号において、「福沢先生ノ論ニ答フ」を書き、学者はその修得した新知識を新政府に提供すべきであるとして福沢の考えに批判を加えている。

(4) 福沢が国会開設賛成の立場を明確に表明したのは、一八七九年(明治一二)八月に公刊した『国会論』においてである。

(5) 田口卯吉の『日本開化小史』(一八七七—八二年)終章部分における次の言葉を参照せよ。「以上述ぶる所の事実に拠りて推論するに、凡《およ》そ開化の進歩するは社会の性なることを知るべし。譬《たと》へば王朝の時の如く門地の貴賤を論ずるの弊甚しきときは、各地封建の勢を発して以て自由を求め、足利氏の季世の如く封建戦国の禍乱に陥れば、終《つい》に集合して太平を致さんことを求め、既に太平を致すの後は、文学より技芸より凡百の事に至るまで皆進歩せしめて、以て人々の生涯を快楽ならしめんことを求む。社会の動く所常に此《かく》の如し。英雄豪傑の為す所、或《あるい》は其勢を早め或は之《これ》を遅延せしむるに過ぎざるなり。嗚呼《ああ》此理を推して将来を察せば我国前途の事また予知することを得べきなり」(第一二章)。「然《しか》れども外交一たび開けて、而《しか》して徳川政府の制度を永遠に保持するは到底望むべからざるなり。蓋《けだ》し徳川氏の制は諸侯及び人民の反乱を防ぐに於て最も緻密なる所あり、……然れども海内《かいだい》連合して外敵に向ふの時に至りては、封建制度の区劃《くかく》全く無用のものとなれり。……外船の突入するや……是時《このとき》に当りて此等の人の心裏、復《また》其君に忠を尽さんとの念あらざるなり、其藩を愛するの念あらざるなり、全く日本国をのみ憂ひて少しく更に勤王の志を存せしものなり。此の如き人物は豈《あ》に是れ封建の人ならんや、全く郡県(近代国家を指す)の人なるなり」。「今ま徳川氏の末路愛国の心ありて愛藩の念なきを見れば、則《すなわ》ち徳川政府の滅する所以《ゆえん》は封建の滅する所以なるを知るべし。然らば則ち其滅するや命なり、何ぞ必ずしも責を一二執政者の過失に帰すべけんや」(第一三章)。

すなわち、封建社会においては、藩の人間にとって国家とは藩であったのである。明治国家の成立によってはじめて日本人は「ネーション」の観念をもつことになったといえよう。

(6)　憲法発布から日清戦争までの羯南の藩閥政府批判を例示すれば次のとおりである。

羯南は、「出版・新聞・集会条例その他の取締法は国安を保つ具にあらず」(「政治改良の仮面」明治二四・一二・一〇、第九一三号)と述べ、また、憲法では「言論・出版・集会・結社の自由」が認められているのに、政府は「法律の範囲内に於て」(法律の留保)という走路によって人権を侵害しているとして、政府が、「治安保持」を無上のものとして神聖視している態度を痛烈に批判している(「保安の説」明治二五・三・一四、第一〇〇八号)。

ところで、立憲政治が開始されて三年ほど経過した頃から羯南は、藩閥政府が「天皇の名を藉《か》る」ことによって偽国家主義を展開している危険な傾向についても指摘しはじめる。たとえば、かれは、政府のすすめる条約改正を批判するのは天皇批判に通じるというような政府の主張に反対し(「輔弼《ほひつ》責任論」明治二四・一二・二一、第九二四号)、政府党も民党も、それぞれ個人を除いた「国家」を自分たちの自衛の道具としていること、また「国家」や「大権」を持ちだして政府が個人の苦情を規制している態度は偽国家主義である、と痛烈に批判している(「偽国家主義」明治二五・四・一二―一三、第一〇三七―三八号)。こうして、羯南の藩閥批判は、年を経るごとに次々にエスカレートする。たとえば、今の政府はドイツ主義を唱え、一にも国家、二にも国家と述べているが、個人は、かれらが考えているほど利己的ではない(「漫言」明治二七・一・三〇、第一六四六号)、また自由主義は成るべく国家の権威を減縮して成るべく個人の自由を伸張するにあり、自由主義を共和主義と同一視して危険視する人びとは、維新の大業に与《あずか》りて力ありし人びとである(「自由主義如何」明治二三・一・一五―二〇、第二七八―八三号)として、雪嶺と同様に(『真善美日本人』明治二四年)、ドイツ主義と国家主義の吻合《ふんごう》を批判している。このことは、のちに長谷川如是閑がイギリス思想を民主主義的なものとして推奨し、ドイツ思想を国家主義を補完している危険な思想として糾弾しているのと対比すれば興味深い。如是閑は羯南、雪嶺からいかに多くのことを学んでいたことか。

羯南の「超然主義」批判も強まる。かれは、藩閥は国民的政府ではないので責任内閣制を確立し国民的感情を有する者を選挙せよ(「国民的感情」明治二七・二・二四、第一六六六号)、また「超然政」を唱える連中は、内実は藩閥、その協力者自由党に偏する者である(「超然政」明治二七・三・二一、第一六七二号)、さらにかれは、今の政党政治は「群犬政治」、その多数決は「虻政治」で、これは政党の領袖が「えさ」を与えるためである(「原政」明治二六・三・六―二二、第一三四一―五七号)とも述べている。こうした激しい政府弾劾により、『日本』は一八九三年(明治二六)から九四年(明治二七)にかけて計一一回、六五日間の発行停止処分を受けている(西田長寿・植手通有編『陸羯南全集』一九六七―八五年、みすず書房、第四巻「解説」七一五ページ。拙稿「陸羯南」、田中浩編『近代日本のジャーナリスト』三三一―三三三ページ、御茶の水書房、一九八七年)。

(7)　なお、福沢、加藤、田口、陸などの明治思想史の流れについては、拙著『近代日本と自由主義』岩波書店、一九九三年、同『日本リベラリズムの系譜』朝日新聞社(朝日選書)、二〇〇〇年、を参照されたい。

第一一章　ファシズムと民主主義

ファシズムとはなにか

日本では一九三〇年代の半ばごろから軍部を中心とする支配体制がじょじょに形成された。そして一九三七年(昭和一二)にはドイツ・イタリアと「防共協定」を結び、国際的なファシズム陣営につらなっていく。さらに一九三九年(昭和一四)九月のドイツのポーランド侵攻、翌四〇年のイタリアの参戦に呼応して、日本が一九四一年(昭和一六)にアメリカと開戦するに及んで、ここに日独伊三国と連合国との間で第二次世界大戦が展開されるが、そのさい連合国側は、今次《こんじ》の大戦を「民主主義とファシズム」の闘いとして位置づけたのである。

戦後、日本は、それまでの極端な国家主義的・軍国主義的体質を改め、平和主義にもとづく民主憲法を制定し、二度と再びあのような非道な侵略戦争をくり返さないことを誓った。そこで、このような決意を貫き、今後とも世界平和の確保に貢献するためにも、ここでもう一度、「ファシズムとはなんだったのか」という点について考察してみる必要があるように思える。

ファシズムとは、第一次世界大戦後の一九二〇年代初頭から第二次世界大戦の終結した四〇年代中葉にかけてイタリア・ドイツ・日本などに出現した、民族主義的色彩のきわめて濃い政治運動、権威主義的政治(独裁)体制、反民主主義・反社会(共産)主義を標榜した政治・経済・社会思想の総称である。

ファシズム国家の妖怪は、一九二二年一〇月三〇日、ムッソリーニ(Benito Mussolini, 1883-1945)率いるファシスタ党がローマに進軍し、戦後の混乱した危機状況を克服するように、と支配層から政権を受託したときに、はじめてこの地上に出現した。したがって、ファシズム国家は、社会主義国家のように資本主義体制そのものを否定するわけではないが、従来の自由放任主義的な資本主義体制では、もはや山積する社会・労働問題に対処できず、そのことが階級闘争を激化させ国家的存立そのものを危うくする、との認識に立って、一方では国家が経済に介入し(混合経済)、他方では労使間で経営協議体を作り、労使協調(コーポラティズム)をかかげていっさいの組合活動・社会主義運動などを禁止する。

このため、ファシズム国家が成立した当初には、その非資本主義的あるいは計画経済的性格のゆえに、それは新型の社会主義国家ではないかと、見まちがわれたのである。そういえば、ドイツのナチ党の正式名称も、「国民(民族)社会主義ドイツ労働者党」というまことにまぎらわしいものであった。しかし、これら両国は、西欧列強・社会主義国ソ連に対抗できる「強い国家」を創設するためには、いっさいの人権と自由を抑圧し、あらゆる民主的な政治制度を破壊してしまうという、まぎれもない全体主義国家であった。

ところで、イタリア・ドイツのファシズム運動を担った主体は、中産階級であった。中産階級は、資本家階級や労働者階級がそれぞれに組織化されていたのとは異なり、本来、孤立・分散的存在であり、危機状況に遭遇するときわめて不安定な地位におかれ、そのために激しく動揺する。したがって、ファシズム運動は中産階級の自衛組織として結成されたものともいえる。ファシズム運動がしばしば「下からの国民革命」と呼ばれたのはそのためである。この点、日本のように、きわめて封建的な体質をもった支配構造のなかで、軍閥・官僚勢力が「上から」いわば丸がかえ的に国民全体を全体主義体制に組み入れていったのとは異なる。

では、中産階級的自衛運動を意味したファシスタ党やナチ党はなぜ、政権を獲得する段階で独占資本家層と手を結び、社会主義政党や労働者階級と激しく対決したのだろうか。それは当時の異常な経済的危機状況において階級闘争が激化すると国家的統一自体が危うくなり、その結果、西欧列強との経済競争に打ち勝つことができないという認識において、資本家層とファッショ政党との利害が一致したためである。ナチ党が独占資本家層から政権を受託した(一九三三年一月三〇日)直後の総選挙において、「ファシズムをとるかコミュニズムをとるか」というキャッチフレーズをかかげて国民にその選択を迫った理由はここにある。

ところで、ファシズム国家が世界の国ぐにに恐れられたのは、一つには、言論・思想・宗教・出版・集会・結社の自由などをはじめとするいっさいの基本的人権や民主主義的政治制度を暴力的に否定し破壊した点にあるが、もう一つの理由は、それが狂信的なまでに民族主義を強調した点にある。「ゲルマン民族の優秀性」とか「血の純血」による「ユダヤ人の虐殺」とか、「八紘一(為)宇」といった民族主義の高唱は、広大な植民地を領有し資源の豊富な西欧帝国主義列強にたいして植民地再分割を迫る論理として、また非植民地地域を植民地化する侵略行動の正当化論として用いられた。ファシズム国家側が、第二次世界大戦を「もてる国」と「もたざる国」との闘いとして自己の正当性を主張したのはこの理由による。

以上にみてきたように、ファシズム運動が政権獲得に成功した国ぐにでは、もともと民主主義思想が国民各層の間に十分にいきわたっておらず、また民主主義的な政治制度の基盤がきわめて脆弱《ぜいじゃく》であったことがわかる。それに加えて、イタリア・ドイツのばあいをみてもわかるように、支配層がきわめて保守的・反動的な思想構造をもち、未曾有の経済的危機に直面したとき、かれらが自分たちと多くの点で共通の利害をもつファシズム勢力と吻合《ふんごう》した結果、ファシズム国家が成立をみたということである。ファシズムとは独占資本がその姿を変えた独裁的支配体制である、という「コミンテルン」規定も、この意味では正しい。保守支配層こそが、じつはファシズム国家の「生みの親」だった、ということである。とすれば、ファシズム問題をよりよく理解するためには、どうしても保守支配層の思想構造を分析してみる必要がある。そこで以下、ドイツ保守支配層のイデオローグであったカール・シュミット(Carl Schmitt, 1888-1985)、また大正デモクラシー期のオピニオン・リーダー長谷川如是閑を例に取りあげながら、民主主義と権威主義的国家観との関係について考えてみよう。

シュミット——議会制民主主義批判と独裁論①

シュミットは、ヒトラー政権成立後まもない一九三三年五月一日にナチ党に入党しているのでナチ党のイデオローグと思われがちだが、もともとかれは、ドイツ保守支配層のイデオローグとして思想界に登場している。第一次世界大戦の敗北後、しばらくの間ドイツ支配層は鳴りをひそめていたが、虎視《こし》眈々《たんたん》とその復権を狙っていた。そして一九二五年の大統領選挙においてヒンデンブルク(Paul von Hindenburg, 1847-1934)を当選させたころからその支配権力を回復したものと考えてよい。しかもドイツの保守支配層は、大戦の敗北についてほとんど反省することなく、かえって、西欧列強・社会主義国ソ連と対抗できる中欧勢力を形成し、その盟主たらんとの野望に燃えていた。そのためには、第二帝国(プロイセン)にかわる新たな権威主義国家をヴァイマル体制下において創出する必要があった。そのことはヴァイマル民主主義の崩壊を意味することになるが、その墓掘人をつとめたのがほかならぬシュミットであった。こうして、かれのヴァイマル共和国一四年間における全作業は、一方では西欧デモクラシーの思想・制度を徹底的に批判すること、他方では議会制民主主義にかわるべき大統領独裁論を構築することにむけられた。

シュミットは、イギリス型の議会制民主主義を基調とするヴァイマル憲法の誕生を最初から快く思っていなかった。では、いかなる根拠から、かれは議会制民主主義に批判的であったのか。ひとことでいえば、議会制民主主義は、「不倶戴天の敵」たる社会党や共産党の存在を許し、本来殲滅《せんめつ》すべき「敵」を「討論相手」に変えている、というわけである。そこで議会政治を批判・攻撃するために、かれは、現代の議会においては政党幹部・官僚・高級軍人・資本家たちによって事前に決定されたことがらが議場において論じられているにすぎないから、かつての、「公開性」と「討論」を標榜して絶対君主の「秘密」・「専制」政治と闘った議会の精神はもはや死に絶えてしまった、という。たしかに、現代国家における議会政治の実態は、重要な決定がしばしば国民不在のままになされているから、シュミットの指摘は痛快で小気味よくさえある。しかし、だからといって、シュミットのようにかくも簡単に議会制民主主義に死亡宣告を下したのち、ただちに「独裁制」をもちだすのは問題であろう(2)。

同じころ、イギリスの政治学者ラスキ(Harold Joseph Laski, 1893-1950)は、当時のイギリス議会が「資本の論理」によって動いている実態を鋭く批判し、真に「国民の利益」を代表できる国会議員を、いかにして多数、議会に送り込むかについて腐心しているのである。(3) シュミットの頭のなかにあるのはただただ、「強いドイツ」の再生という考えのみである。このため、かれは、社会党や共産党にチャンスを与えている議会制に反対し、また、そうした甘い態度では新しい社会階級としての労働者階級には対抗できない、という恐怖心がそこにはありありとみられる。シュミットには、一七・一八世紀以来の西欧デモクラシーや人権と自由を守るものとしての民主的制度観の重要性、あるいは、一九世紀後半以来の「不平等是正」のための福祉国家体制への転換をめぐる思想的営為の葛藤などについての知識が、まったくといってよいほど欠落している。だから、シュミットは加藤弘之と同じく、なんの心の痛みもなく、議会制民主主義か独裁かという問題をたんに権力技術的観点からしかみることができず、ただちに大統領独裁論の構築に取りかかる。

そのさい、かれはまず、「危機の論理」つまり「例外状態」論をもちだし、(4) ローマ共和制下の「独裁」を例にしつつ、「独裁」は「危機回避」のために用いられる有効かつ一時的な手段である、と述べる。この「危機」・「例外状態」の強調は、あらゆる国ぐににおいて支配層が権力集中化あるいはその暴力的行使を正当化するために用いる常套手段の一つである。しかしこの「一時的」措置がいつしか「恒常化」されたときにはどうなるか。たとえば、戦争は最大の危機状態である。

戦前日本においても戦争のたびごとに国家権力が強大化していったが、日清・日露戦争後に「戦後経営」・「軍備増強」が声高に叫ばれたし、また満州事変後の軍部ファシズムの台頭期に「非常時」とか「国民総動員」とかがいたるところで喧伝《けんでん》されたのは、戦中派以前の人びとにとってなお記憶に新しいところであろう。

さて、シュミットはこのように「例外状態」論をもちだし、「独裁」のイメージをプラスに転化したのち、いよいよ憲法第四八条の大統領の「非常大権」を手がかりに、いまは危機状況にあるとして、大統領の非常措置の必要性を主張しながら、大統領へ権限を集中することを示唆する(5)(『大統領の独裁』一九二四年)。そして、この議会抜きの大統領内閣(独裁)論(6)は、一九二九年以降の世界大恐慌下における経済的危機を回避するための保守支配層の最終的統治形態として正式に採用されることになる。

しかし、一九二九年から三二年にかけて保守支配層は現実政治においてその統治能力を失いつつあった。そこで、そのあまりにも狂信的な民族主義理論に危惧の念を抱きながらも、保守支配層は、いまや二〇〇〇万の大衆を「下から」組織していたヒトラーに政権を委託せざるをえなかった。もっともこの時点では、支配層はナチ党の力を過小評価し、当面、難局を切り抜ける方便としてナチ党を利用したつもりであった。しかし、ヒトラーのほうが役者が一枚も二枚も上手《うわて》であった。かれは政権を掌握するとただちに、政府に独裁的な立法権を授権する法律(「国民と国家の困難排除のための法律」(三月二四日)を定め、(7)それによって七月には政党活動を禁止する法律を、翌年一月から二月にかけては各州《ラント》の議会や参議院を廃止する法律を制定し、一気呵成《かせい》に「永久革命」の基盤を固めた。このようにみると、ファシズムは最終の敵たる社会主義勢力を葬るためには、まずは議会制民主主義の根元から切り倒していることがわかる。同様なことは日本のばあいにもあてはまる。そこでつぎに、最初は国家主義に対抗し、のちには軍部ファシズムと闘うことになった長谷川如是閑を例にして考えてみよう。

長谷川如是閑(8)——国家主義とファシズムに抗して

長谷川如是閑はシュミットやラスキと同時代人である。しかし、かれはシュミットが「大統領独裁論」によってナチ党の思想と行動を側面的に正当化したのと異なり、一九一九年(大正八)に雑誌『我等』を創刊し、三四年(昭和九)に『批判』(三〇年に改題)を廃刊するまでの約一五年間、イギリスのラスキと同じく日本における自由と民主主義の発展のために全力をあげて啓蒙活動をおこなった。

かれは幼年時代、坪内逍遥(一八五九—一九三五年)、中村敬宇(一八三二—九一年)の塾においてイギリス思想を学び、東京法学院(中央大学)を卒業したのち、陸羯南の主宰する新聞『日本』の記者として三年間ほど羯南流の自由国民主義の薫陶を受けた。[9] かれが終生ドイツ型の国家主義を嫌ったのは、幼いころからイギリス思想を叩き込まれたためであろう。かれは、一九〇八年(明治四一)に『大阪朝日』の記者となるが、米騒動を支持した記事にたいして寺内内閣から加えられた攻撃の責任をとって(「白虹事件」)、一八年(大正七)に退社するまでの約一〇年間、社会部編集委員として大正デモクラシーの思想運動において重要な役割をはたす。またかれは、一九二八年(昭和三)から翌年にかけて吉野作造(一八七八―一九三三年)、大山郁夫(一八八〇―一九五五年)、福田徳三(一八七四―一九三〇年)、河上肇(一八七九―一九四六年)、櫛田民蔵(一八八五―一九三四年)、大内兵衛(一八八八―一九八〇年)らと『鼎軒《ていけん》田口卯吉全集』(全八巻)を刊行し、ファシズム前夜の日本においてますます高まる国家主義的傾向に対抗するために、自由主義の啓蒙普及をはかっている。[10]

このようにみると如是閑は、前章で述べた田口や陸らの自由国民主義の良き伝統を大正デモクラシー期へと架橋した思想家として重要な位置を占めていたことがわかる。しかし、如是閑が活躍した大正中期には、たんに政治改革(護憲運動)だけではなく、社会改革(不平等是正と労働基本権の要求)を求める運動が全国的に高揚しはじめていた。このためかれは、当時の官僚政治やそれを支えている国家主義思想に反対し、イギリス流の政党政治や議会政治の発展を主張しただけでなく、社会・労働問題の解決を民主主義の重要な要求としてかかげ、労働運動を支持した。

しかし大正末期から昭和初期、とくに満州事変(一九三一年)ごろを契機として軍部の勢力がいちじるしく増大し、時代は急速にファシズムの様相を呈してきた。「国家主義と闘っていたら、敵はいつしかファシズムになっていた」(『日本ファシズム批判』一九三八年)。こうして如是閑は一九三一年ごろから日本ファシズムとの闘争を開始する。そのさいかれは、「コミンテルン」のファシズム＝独占ブルジョアジーの独裁という規定だけに満足せず、日本ファシズムの特質を軍部勢力、農村問題、中産層問題、人口問題、満州・中国問題などを含めた観点から分析しているが、これは恐らく日本人の手になる最初の総合的な日本ファシズム論であろう。そのためかれの日本ファシズム論は、さっそくアメリカの自由主義的雑誌『ネーション』に要約発表されているほどである(11)。

ここで如是閑は、日本のばあいにはブルジョア政党が軍部勢力を押さえ込めば、ファシズムの台頭を防ぐことができると診断しているが、それがいかに甘い幻想にすぎなかったかは、その後、保守支配層が軍部ファシズムに屈伏し、それと手を握り、満州・中国の地をつぎつぎに侵略していったことが証明している。ひとたび走りだした軍部ファシズムの勢力を押し止めることは、もはやだれの手によっても不可能であったのである。

『批判』廃刊後の如是閑は、もっぱら有力雑誌や三大新聞などを媒体にして、一つには、石橋湛山(一八八四—一九七三年)らとともに自由主義の価値や本質についての啓蒙に努め、一つには、古来日本民族は平和を愛好し寛容で現実主義的な民族であったとする「日本的性格」論を唱えて、軍部や政府の喧伝する「皇道主義」に抵抗する論陣を張っている。しかし、太平洋戦争の開戦とともに、如是閑のささやかな思想闘争さえも、沈黙を強いられることになった。

ラスキがファシズムの危機からイギリスの民主主義を防衛することに成功し、他方「日本のラスキ」如是閑がファシズムに敗北した最大の理由は、戦前日本において国民各層の間に自由主義や民主主義にたいする理解がほとんどいきわたらず、そのために広範な民主的勢力を結集することができなかったことに起因する。しかし、明治以来、ささやかながらも、福沢、田口、陸、如是閑などにみられる自由主義や民主主義の伝統が受け継がれていたことは、第二次世界大戦後、世界の民主主義勢力によって日本が「民主主義国家」に再生することを要求されたさいに重要な精神的発条《ばね》になったことだけはいえそうである。

(1) ヴァイマル一四年間のシュミットの理論活動の全体像については、拙稿「カール・シュミット考——知識人と政治」『思想』第七七四号、一九八八年一二月、拙著『カール・シュミット——魔性の政治学』未來社、一九九二年、参照。

(2) シュミットが『現代議会主義の精神史的地位』を書いたころ、すでにかれは、ドイツにおいては大統領に権限を集中する権威主義国家(独裁)を念頭に入れていたと思われるが、イタリアで起こったファシズム「革命」も、かれにとっては独裁の一形態として好ましいものと思われたに違いない。事実、かれは、本書の末尾において、レーニンの指導したロシア革命の成功は、たんなる、国際的《インターナショナル》な「階級闘争の神話」だけによるものではなく、民族的《ナショナル》な要素を強くもった「民族的神話」が加味されたものだとして評価しながら、続けてさらに、かかる「民族的神話」が真に「階級的神話」を凌駕した例として、最近イタリアで起こったファシズム「革命」にふれて次のように述べている。「ローマへの進軍をまえにして、一九二二年十月、ナポリで行なった有名な演説において、ムッソリーニは次のようにのべている。「われわれは、一つの神話を創りだした。この神話は信念であり、気高き情熱であり、それはなんら現実たることを要しない。それは衝動であり、希望であり、信念であり、勇気である。われわれの神話は、民族であり、われわれが具体的に現実化しようと欲する偉大な民族である」と。この同じ演説において、かれは、社会主義をより低次の神学とよんでいる。……この例の精神史的意義は、イタリアの土地における民族的な情熱が、これまで民主主義的ないし議会主義的＝立憲主義的な伝統をもっていたこと、アングロ・サクスン的自由主義のイデオロギーにまったく支配されていたことの故に、とくに大である」。そして、最後に、シュミットは、「神話の理論は、議会主義的思想の相対的な合理主義がその論拠を喪失したことを示す最も力強き表現であり」、現代においては、「議会主義かしからずんばなにか、という反問を繰り返して主張する時代は去った」として、かれの議会主義批判を結んでいるのである。こうして、シュミットは「民族的神話」と指導者原理による「独裁」、安定した権威による「全体国家」の確立のための理論的正当化への道をはき清める上で、大きな役割をはたしたのである（拙稿「「神話」と「独裁」の政治理論」、田中浩・原田武雄訳『政治神学』二〇四―五ページ、未來社、一九七一年）。

（3）ラスキについては、拙著『ヨーロッパ知の巨人たち――古代ギリシアから現代まで』日本放送出版協会（NHKライブラリー）、二〇〇六年、の第一二章「社会民主主義とはなにか――ラスキ」を参照されたい。

(4) 例外状態つまり危機状態論をもちだして、危機回避のための権力集中論を導出する作業は、すでに一九二一年の『独裁』で歴史的に説明されているが、例外状態論を用いて政治の法にたいする優越性を論じたものとしては、翌二二年の『政治神学』がある。「主権者とは、例外状況にかんして決定をくだす者をいう」という有名な文章にはじまる本書においては、例外状態において事物の本質が顕現することを宣明し、労働者階級に対決するためには「法の支配」にもとづく議会制民主主義では太刀打ちできず、独裁(権限集中)でなければならないことを暗示している。この点については、シュミットの次の言葉。「例外は通常の事例よりも興味深い。常態はなにひとつ証明せず、例外がすべてを証明する。例外は通例を裏づけるばかりか、通例はそもそも例外によってのみ生きる。例外においてこそ、現実生活の力が、くり返しとして硬直した習慣的なものの殻を突き破るのである」(前掲訳書、二三ページ)。「ドノソ〔・コルテス〕によれば、この戦いで決着をつけるのではなく、その代わりに、論議を開始しようと努めるところに、ブルジョア的自由主義の本質がある。ブルジョアジーを、かれは、まさに、「論議する階級」と定義している。このことによって、ブルジョアジーは断罪される。なぜなら、それは、つまり、ブルジョアジーが決断を回避しようということであるから、すべての政治活動を、新聞や議会に、つまり論議に置きかえてしまう階級は、社会的闘争の時代には、太刀打ちできないのである」(前掲訳書、七七ページ)。

また、シュミットは、次のようにドノソ・コルテスをひき合いにだしながら、「討論の対極は、独裁である。いかなるばあいにも極端な事例を想定し、最後の審判を期待する、ということが、コルテスのような精神での決定主義には含まれている。それゆえ、コルテスは、一方で自由主義者を軽蔑すると同時に、他方、無政府主義的社会主義は、不倶戴天の敵としてではあるがこれを尊敬し、それに悪魔的偉大さを認めるのである」（前掲訳書、八三ページ）。さらに、シュミットは、決断を先へ先へと延ばす合理主義的自由主義つまり議会制民主主義の態度と方法を批判し、神学つまり奇蹟（例外状態）を認める神話をもたない政治学は二級品であると述べ、プルードン主義は非合理主義的な階級的神話をもっているから、合理主義的なマルクス主義よりも優位にある、とするのである。

（5）　ここに第四八条の規定をあげておく。

第四八条

〔第一項〕　もしも、各州《ラント》が、ライヒ憲法またはライヒ法律によって課せられた義務を履行しないばあいには、ライヒ大統領は、武力を用いて各州にその義務の履行を強制できる。

〔第二項〕　もしも、ドイツ国家《ライヒ》において、公共の安全と秩序がいちじるしく攪乱されるかあるいは脅かされたばあいは、ライヒ大統領は、公共の安全と秩序を回復するために必要な措置を講じ、必要とあれば武力を用いて干渉できる。この目的のために、ライヒ大統領は、第一一四条〔個人自由の不可侵権〕、第一一五条〔住居不可侵権〕、第一一七条〔通信の秘密〕、第一一八条〔表現の自由〕、第一二三条〔集会の自由〕、第一二四条〔結社の自由〕と第一五三条〔財産権の保障〕に定めた基本的人権の全部あるいは一部を、一時的に停止できる。

〔第三項〕　ライヒ大統領は、本条第一項または第二項の権限にもとづいてなしたすべての措置については、遅滞なくライヒ議会に報告しなければならない。これらの措置は、ライヒ議会の要求があるときには、その効力を失う。

〔第四項〕　急迫の事情あるばあいには、各州政府は、その領域内において、第二項に定めのある措置を講じうる。これらの措置は、ライヒ大統領あるいはフイヒ議会の要求があれば、その効力を失う。

〔第五項〕詳細は、ライヒ法律によって定める。

一九二四年のドイツ国法学者大会のテーマは、非常事態下における大統領の権限行使には制限があるかそれとも無制限か、というものであった。それはとくに第二項をめぐって論戦がおこなわれたが、社会民主党系の法学者ケルゼンたちは、第二項に示された七つの基本権についてのみ一時的に停止できると主張した。これにたいし、シュミットやヤコービ教授たちは、七つの基本権は例示にすぎず、例外状態下においては、それ以外の基本権についても停止できる、とし、その理由として、憲法制定時に七つの基本権だけ停止できるとの論議がなかったこと、これまでの第四八条の権限行使にさいして、それ以外の基本権の停止があったこと、また第五項にあるように、権限行使にかかわる人権侵害についての法的保障を定めた法律が制定されていれば別だが、まだそのような法律は制定されていない（法の「欠缺《けんけつ》」状況）のだから、憲法制定時における立法の意図と現在における適用にしたがうべきだ、と反論している。このシュミット理論は大会では少数意見にとどまったが、五、六年後に議会に基礎をおかない大統領内閣（大統領専決体制＝独裁）時代がはじまると、政府公認の理論となった。これらについては、拙稿「大統領の独裁とワイマール共和国の崩壊――憲法第四八条（緊急命令権・非常権限）第二項をめぐる」を参照（田中浩・原田武雄訳『大統領の独裁』所収、未來社、一九七四年）。

（6）「大統領内閣」という語は、いったい、いかなる意味をもつものであろうか。

この点については、エーベルト、ヒンデンブルク、ヒトラーと、三代の大統領・総統のもとで、書記官長をしていたマイスナーの次の定義を引用することが、もっとも適切であろう。

マイスナーは、パーペン内閣（一九三二・六―一一）辞職後、ヒトラーに政権担当のチャンスが到来した時点（一九三二年一一月）で、ヒトラーからかれ宛てにきた書簡にたいして返信をしたためているが（一月二二日）、そのなかで、「大統領内閣」と「議院内閣制」とのちがいを、大要次のように述べている。

㈠「大統領内閣」は、時代の必要つまり議会が破産した必要から生まれたものである。これは、議会の事前の同意がなくとも、憲法第四八条によって、政府にとって必要な措置を強行でき、その権限は、まずライヒ大統領から発し、議会はそれらの措置を承認し容認できるだけである。議院内閣制においては、すべての法案はまず議会に提出され、それが議決されるまえに、審議され承認されなければならない。議院内閣制は、その権限の基礎を、主として議会における多数決におく。ここから、「大統領内閣」の指導者は、ライヒ大統領の特別な信任を受けている人でさえあればよい、ということになろう。

㈡「大統領内閣」は、その構成、その指導性において、政党から超然としていなければならない。議院内閣制は、多数党あるいは連合を必要とする諸政党の指導者やメンバーから構成される。したがって、一政党の指導者にすぎないとか、いわんや排他的な運動の要求をもつ政党指導者〔ヒトラーを指しているものと思われる――筆者注、以下同じ〕は、大統領内閣の長たるにふさわしくない。

㈢ブリューニングが首相の座についたときは、明らかに、議会制的政党支持を基盤にして、その内閣を形成したのだが、爾後《じご》、しだいに、「大統領内閣」へと移行したのである。それは、ライヒ議会の立法行為を抑えて、大統領の信任のもとに、広汎かつ多様な諸措置を断行したからである。このブリューニング時代の内閣構成には、やがて変化がみられ、大統領の要請を容れて、人的構成の面でも、中央党の優位によらない〔ブリューニングは中央党指導者〕大統領内閣を形成するようになった。同じ方法によって、貴下〔ヒトラー〕の議院内閣制も、時の流れにしたがって「大統領内閣」に変りうるであろう。

㈣このたび辞職したパーペン内閣は、純粋に「大統領内閣」であった。なぜなら、パーペン内閣は、その措置に同意し、それを承認する多数派を議会内部にもっていなかったからである。

この書簡は、パーペン内閣が行きづまって、シュライヒァーが大統領ヒンデンブルクに、ヒトラーを首相に任命するよう進言した時点で、一党一派のためにのみ行動する政党(ナチ党)では政権は担当できない、また政府を形成したければ議会で多数を獲得すべし、という条件をつけて、それらの条件を当時満たしえなかったヒトラーにたいし、事実上、首相就任を拒否せんとする(結局、シュライヒァーが短期間ではあるが内閣を組織した)ヒンデンブルクの内意を、マイスナーが代弁して、ヒトラーに伝えたものと考えられる。「大統領内閣」は議会制統治や政党政治を超越するといいながら、ヒトラーにたいしては、たんなる一党一派の指導者では首相の資格がなく、議会内で多数派を形成せよ、と要求するのは、論理的に矛盾しているように思われるが、これは、ヒトラーに政権を渡さないための口実に用いられたのであろう(前掲論文、二二九―二三一ページ)。

(7) この授権法の制定は、ヴァイマル憲法の議会制統治を実質的に独裁制へと変更せしめるほどのものであった。シュミットは、『国家・運動・国民』のなかで、この「授権法」は新しいドイツ国家の「暫定憲法」とみなされるべきものであり、本法は旧国家から新国家への架橋物たる性質をもち、しかも、今回のドイツの「革命」は旧憲法(ヴァイマル憲法)に従ってなされたものであるから、合法的でありかつ正当であった、と述べている(Schmitt, C., *Staat, Bewegung, Volk*. Hamburg. 1934. S. 5-9)。

(8) 如是閑の思想の全体像については、拙稿「長谷川如是閑の「国家観」――西欧国家原理の受容と同時代史的考察」『年報政治学　日本における西欧政治思想』岩波書店、一九七六年、所収、同「評伝長谷川如是閑」『世界』第四八二―八五号、一九八六年一二月―八七年一月、拙著『長谷川如是閑研究序説』未來社、一九八九年、参照。また如是閑の近代日本思想史上における地位については、拙著『日本リベラリズムの系譜――福沢諭吉・長谷川如是閑・丸山真男』朝日新聞社(朝日選書)、二〇〇〇年、同『二〇世紀日本を創った思想家たち――勝海舟から丸山真男まで』日本放送出版協会、二〇〇二年(なお同書は、二〇〇三年に『「第三の開国」は可能か』と改題して「NHKライブラリー」として出版)を参照されたい。

(9)　如是閑が新聞『日本』に入社した動機については、かれの『ある心の自叙伝』講談社学術文庫、一九八四年、参照。「要するに、(明治)二十年前後の羯南は、『日本』的国民主義を標榜して立ったが、歴史のその段階における国民主義と自由主義との併立――世界史的にそうであった――を認めたもので、羯南自身、国民主義に重点をおく自由主義者だったのである。青年の私は羯南のこの『憲法考』と『政論考』とを読んで、『日本』一派の立場に自分を置くようになったのであったが、もし羯南に自由主義に対するそのような理解がなかったら、私はあこがれの『日本』であったにしろ、恐らく、その一派におのれを投じることを躊躇したであろう」(三五三ページ)。

このあと続けて、如是閑は、羯南の『(原政及)国際論』(明治二六年)では、羯南の「日本主義」において自由主義の影がうすくなり、国家主義的色彩が強くなっている点を指摘し、「これは明治二十年代に入って、近代日本の歴史が、自由主義への過程から国家主義への過程に逆転したので、羯南の立場も、その歴史に沿う方向をとったのだった。私がもしも、『日本』に入る前に、その羯南の『国際論』を読んでいたら、その論旨よりは、そのニュアンスが、私の当時の気分と合わないために、私は『日本』の同人たることを躊躇したであろう。実際、私は『国際論』を読んだ時にも、その論旨の多くの点は異議を挟み得ないものであるとしても、何となしに、羯南のいわゆる「心理的」に、それと同化し得なかったのである。そう思って、社の同僚を見直すと、彼ら後輩の多くは、二十一、二年ごろの『日本』一派の風をうけた人たちではなく、二十年代の末ごろの『日本』一派の空気にふれた人たちだったので、いずれも末期的「日本派」だったことが鮮やかにわかったのである」(三五四—五五ページ)。

(10) 田口の二三回忌にあたる一九二七年(昭和二)に、『鼎軒全集』の出版が計画されている(櫛田民蔵「忘れられた田口先生と忘れ得ぬ田口先生」『我等』第九巻第七号)。編集の中心となったのは次の人びとである。第一巻編集及び解説黒板勝美、第二巻編集森戸辰男・解説福田徳三、第三巻編集櫛田民蔵・解説河上肇、第四巻編集及び解説櫛田民蔵、第五巻編集長谷川萬次郎(如是閑)・解説吉野作造、第六・七巻編集及び解説大内兵衛、第八巻編集及び解説長谷川萬次郎。このうち、河上、櫛田、大内、森戸はマルクス主義経済学者、吉野、福田、長谷川は自由主義者・民主主義者である。いずれも、大正デモクラシー期から昭和ファシズム成立期にかけて、(超)国家主義やファシズムに抗して、官僚内閣や軍部と闘った人びとである。しかも、出版計画が進められていた同じ年の雑誌『我等』には、田口にかんする論稿が集中的に掲載されている。第九巻第五号では森戸辰男「文明史家並「社会改良」論者としての田口鼎軒」、第六号では、大内兵衛(「地租委譲・谷将軍・田口博士」)、福田徳三(「田口全集の刊行に際して」)、河上肇(「田口先生の思ひ出」)、吉野作造(「田口先生と私」)、鳥居龍蔵(「官僚史論と平民史論」)、河津暹(「鼎軒先生を偲ぶ」)、木村毅(「鼎軒先生の旅上吟」)、羽仁五郎(「田口卯吉に帰れ」)などによる「特集号」が組まれ、第七号では、櫛田民蔵が「忘れられた田口先生と忘れ得ぬ田口先生」を執筆している。以上の人びとのうちその大半は、『我等』の常連執筆陣であることを考えれば、『鼎軒全集』の企画は、どうやら如是閑を中心に、河上、櫛田、大内、森戸あたりが進めたものと思われる。ちなみに、『全集』の見返し意匠は、如是閑の実弟大野静方(本名山本兵三郎)画伯が担当している(拙稿「田口卯吉」、田中浩編『近代日本のジャーナリスト』三八二ページ、御茶の水書房、一九八七年)。

(11) 如是閑は早くも一九二八年(昭和三)に「冷静に而してファシズムを警戒せよ」(『改造』第一〇巻第六号)という論文を発表しているが、満州事変の勃発した一九三一年(昭和六)からヒトラー政権の成立した一九三三年(昭和八)にかけて、やつぎばやに雑誌『批判』において「ファシズムの社会的条件と日本の特殊事情」(第二巻第三号)、「我が国に於けるファシズムの可能と不可能」(第二巻第四号)、「実践的ファッショの盲目的人口論」(第三巻第一号)、「斎藤内閣への必然的条件――アンチ・ファシズムの合唱」(第三巻第二号)、「ナチス勝つ」(第三巻第一〇号)、「ファシズム人口論」(第四巻第二号)などの論稿を発表している。『ネーション』誌の日本ファシズムにかんする"Japanese Fascism"(1932. 6. 1), "The Revolutionary Crisis in Japan"(1932. 11. 9)は、ほとんど如是閑の論文の要約である。またイギリス労働党の機関誌『ニュー・ステーツマン・アンド・ネーション』では、のちのヒトラー政権に道をひらくことになる一九三二年七月二〇日の「パーペン・クーデタ」以降、急激にファシズム関係の論説が掲載されだしている。『ネーション』も『ステーツマン』もそれ以前にはファシズム関係の論説が皆無に近いのだから、如是閑のファシズム研究がいかにすすんでいたかが推測されよう。

第一二章　現代とは——歴史と思想

近代デモクラシーの三つのキー概念

これまで一七世紀中葉以降のイギリス市民革命時代から第二次世界大戦が終結した二〇世紀中葉にいたるまでの約三〇〇年間における近代デモクラシーの成立・発展・変容について述べてきた。要約すれば、一七世紀後半から一八世紀末にかけては「自由」の概念が、一九世紀においては「平等」の概念が、そして二度の悲惨な世界大戦を経験した二〇世紀には「平和」の概念が急速に全世界的に広がった。

ということは、二一世紀政治の課題と目標は、「自由」「平等」「平和」のさらなる発展と実現ということであろう。しかし、現代世界の実情をみるかぎり、とくに「平等」と「平和」の問題にかんしては、ことがらはいまだ必ずしも順調に進行しているとは思えない。ではデモクラシーの進展を妨げている要因とはなにか。また「自由」「平等」「平和」のバランスのとれた思想や制度を達成する実現可能な手段・方法としてはどのようなものがあるのか。

現代世界の時期区分(1)

ここでいう現代とは、さしあたりは、第二次世界大戦終結後からこんにちの二一世紀初頭までの約六〇年間の時代を対象にしている。ところで、現代世界の特質とはなにか。また現代世界はいまどこに向って進みつつあるのか。それらを知るためには、まずは現代世界の歴史とそこにおけるターニング・ポイントとなった時期を区分しておく必要があるだろう。

第一の時期は、第二次世界大戦が終結した一九四五年八月一五日(日本敗戦)から、「ベトナム戦争」が終結した一九七五年四月三〇日(サイゴン陥落)までの約三〇年間、第二の時期は、「ベトナム戦争」終結後から米・ソによる「冷戦終結宣言」が発表された一九八九年末およびソ連邦が崩壊した一九九一年末までの約一六年間、そして第三の時期は、一九九一年末からこんにち(二〇〇八年)までの約一七年間に区分されよう。

さて第一の時期は、東西(米・ソ)「冷戦対決」が最高潮にまで達した、戦後もっともダイナミックでかつドラマティックな時期であった。ではなぜこのような第三次世界大戦の到来をも思わせるような「冷戦」が勃発したのか、そしてなぜこのような激しい「敵対関係」も最終的に収束せざるをえなかったのか、については後述する。

第二の時期は、さしもの東西対立も「緊張緩和」の時代に入り、資本主義陣営の側では、社会主義側および「第三世界」諸国が一貫して呼びかけてきた「平和共存」思想をようやく容認し、他方社会主義の側でも、西欧デモクラシーの中心思想である「自由民主主義」の重要性に目を向け、また資本主義経済のキー概念である「市場原理」と「利潤追求の論理」が「公正性の尊重」という制限付きではあれ、検討・導入されるという変化が生じた。

そして一九八〇年代に入ってから両陣営の間でますます進行した「競争的共存」への方向は、とくに東欧社会主義諸国に大きな影響を与え、八九年秋以降「ソ連型」独裁を嫌い、「自由化」「民主化」を求める運動——こうした反ソ的傾向は一九四〇年代末に早くもユーゴのチトー大統領(一八九二—一九八〇年)によって始まり[2]、五六年には「ハンガリー事件[3]」、六八年にはチェコの「プラハの春[4]」という反乱が発生していた——が一斉に起こった。それればかりか、こうした「自由化」「民主化」運動は、社会主義陣営の首領ソ連邦自体にも波及し、一九一七年のロシア革命以降七二年余り続いた社会主義体制自体が崩壊するといった驚天動地の事態が発生した。

そして、冷戦構造の解体と冷戦対立の終結をみた世界の人びとは、いまこそ真に新しい平和な時代が到来したと確信し安堵した。しかし、これによっても戦火の硝煙はこの地上から消失することはなかった。それが現在もなおわれわれの眼前に重苦しくくりひろげられている、イスラム原理主義をかかげる国際テロ組織アルカイダ勢力と現代デモクラシーの先導者を誇称するアメリカ合衆国との抗争・戦闘である。これが戦後政治の第三期である。第二次世界大戦後、アメリカは、第一期から第二期にかけては、資本主義側の「護民官《プロテクター》」を自任して、人権を抑圧している独裁的社会主義国家を殲滅《せんめつ》するという名目のもとにさまざまな戦争――「朝鮮戦争」、「ベトナム戦争」――の一方の当事者となり、そのさい資本主義諸国も、それぞれの能力と仕方においてアメリカの行動を支持した。しかし、そうしたアメリカの武力に訴える方法に批判的な国々や多数の平和主義者たちの眼には、アメリカの行為は「覇権主義」、「一極支配」と映ったであろう。

たしかに、二〇〇一年九月一一日のアルカイダによる、多くの人命を損傷した「世界貿易センタービル」航空機突入というテロ行為は、決して許されるべきものではないが、そうしたテロ行為がなぜ起こるかという根本的原因や思想的要因を十分に分析することなく、アメリカは、イラクを「テロ支援国家」と規定して、国連「安全保障理事会」の決議を得ることなく強引に「イラク戦争」に突入したことについては、EU(欧州(ヨーロッパ)連合)の主要国であるフランスやドイツからアメリカに慎重な行動をとることを求める「異議申し立て」がなされた。そして、こうした賛否をめぐる反応のなかに、われわれは、今後の「戦争と平和」の問題を考える重要な方向性を見いだすことができるように思われる。結局この問題は、「資本主義か社会主義か」、あるいは「イスラム原理主義かアメリカ原理主義か」という短期的な対立軸によってではなく――このような特定問題の歴史的・思想的分析が必要なことはいうまでもないが――、後述するように、最終的には、「自由」「平等」「平和」といった長期的かつ普遍原理的な対立軸によって捉えかつ分析すべきことを「戦後世界の歴史」は教えているように思われる。とすれば、われわれはもう一度、「戦後世界の歴史」とはなんであったかを再検討してみる必要があるだろう。

冷戦対決の時代(戦後史第一期)

(a) 朝鮮戦争の教訓

六年近くの間続いた第二次世界大戦(一九三九―四五年)が終結し、横暴な伊・独・日「ファシズム国家」が自由主義国家側＝連合国に打倒されてこの地上から姿を消し、国際的平和組織である「国際連合」が間髪を入れず設立されたとき(一九四五年一〇月)、恐らく全世界の人びとは、これで過去何千年もの間、人類の悲願であり続けた世界平和がついに実現するときがきたと胸をふくらませたことであろう。しかし、この期待は無残にもただちに打ち砕かれた。なぜなら、かつてのファシズム国家群よりもはるかに大規模かつ強大な社会主義国家群が、英・米・仏資本主義国家群のまえに立ちはだかったからである。「冷戦対決」の始まりである。

では「冷戦」はなぜ起こったか。その理由はこうである。第二次世界大戦終結直前に、英・

米・仏側は、てこずっていた独・日を降伏させるために、それまで二五年近く不倶戴天の敵としてまったく無視してきたソ連邦をやむなく自陣営に引き入れるためクリミア半島のヤルタで会談した(ヤルタ会談⑤)。

そして、このことこそが戦後の「冷戦構造」を現出させた重要な原因となった。なぜなら、当面の戦後処理にかんして、大戦中に独・日が侵攻あるいは占領していた地域を解放した英・米・仏とソ連が一時的に分割管理する措置を認めたからである。こうして、東欧諸国と朝鮮半島北部があっという間にソ連邦の支配下に編入された。さらに一九四九年一〇月一日に「中華人民共和国」が成立したことは、いまにもアジア全体が共産主義(赤)化するとの脅威を全世界の資本主義国家群に感じさせたであろう。それればかりか、そうした事態は資本主義社会全体の体制の危機すら思わせた。なぜなら、いまや社会主義陣営は領土にして四分の一以上、人口にして三分の一以上の大勢力となり、世界中の貧困にあえぐ大多数の人びとやそれまで長年にわたって帝国主義的植民地支配下に苦しんできたアジア・アフリカの諸民族や人民も、社会主義・共産主義に多大な期待を寄せ始めたように思われたからである。

このとき戦勝国のなかで唯一の「勝ち組」(他の戦勝国は戦争によって極度の疲弊に苦しんでいた)であったアメリカが、「自由と民主主義の擁護」を旗印に、ソ連邦を(スターリン主義的)「独裁国家」であると攻撃し、真向勝負の仕掛け人を買ってでた。他方、社会主義陣営側もアメリカを「自由の仮面をかぶった独裁国家」(とくにマッカーシズムによる「言論の自由」の弾圧)と批判し、両者の緊張が極度に高まった。[6] 一九五〇年六月二五日に勃発した「朝鮮戦争」[7] は、いずれの体制を選択するかに決着をつけるべく、まさに起こるべくして起こった命を賭した全面戦争であったといえよう。しかし、このアメリカと中・ソの代理戦争は一進一退を続け容易に決着がつかず、五三年七月に突然「休戦協定」が結ばれた。

その理由としては次の二点が考えられよう。一つは、戦前はもとより戦後になってもアメリカが独占していると思われていた「原・水爆」などの究極兵器とその運搬手段であるロケットを、ソ連も所有していることが明らかになったことである。[8] こうなると戦争は、「人類の破滅」につながりかねず、もはや戦争の継続は不可能であると思われた。もう一つは、原・水爆の開発・実験・使用を禁止する平和運動が全世界的に広がり、[9] それが「朝鮮戦争」の停止要求と結びついて「戦争反対」の国際世論の大合唱を喚起したからであった。

こうして一九五四年四月から七月にかけてジュネーブで、「朝鮮戦争」と「インドシナ戦争」(フランス対北ベトナム)の終戦処理をめぐって関係国九カ国が集まって「極東平和会議」が開催された。[10] このとき中国がこの会議にオブザーバーとしてまねかれたが、これは、中国の戦後における国際会議への初参加として注目されよう。またこの会議には国際平和上の重要な成果が付加された。一つは会議の帰途、周恩来(一八九八—一九七六年)がインドに立ち寄り「周・ネルー会談」がおこなわれ（六月二八日）、「平和五原則[11]」が提唱されたこと、またそれを受けて翌五五年（四月一八―二四日）にはインドネシアのバンドンで第一回の「アジア・アフリカ会議」（バンドン会議）が開かれたことである。そして、この会議にはアジア・アフリカの二九カ国が参加し、「平和共存」、「主権尊重」、「反植民地主義」、「反帝国主義」などの「平和一〇原則[12]」（四月二八日）が採択された。そして、これらの国々はそれ以後、米・ソいずれにも属さない「第三勢力」として「国際連合」内における一大「平和勢力」となった。

ともかく「朝鮮戦争」を通じて、世界の人びとは、人類の破滅をもたらすような原・水爆の開発・実験を禁止するために国際的な平和運動の展開が必要であることを自覚した。またこの戦争を契機に、米・ソ両大国による冷戦対決を否定する「平和共存論」が、戦後の新興独立国家を中心とする「第三世界」グループによって唱えられた。そして、これらの平和思想や運動は、第二次世界大戦前とは決定的に異なる性格のものであり、その後の現代デモクラシーの発展に向けての新しい内容を付加したきわめて重要な成果であった、といえよう。しかし、この「ジュネーブ極東平和会議」によっても、両陣営は、「敵の力」を測りかねて一時的に「引き分けた」にすぎず、真の平和到来とまではいえなかった。こうして両陣営はいったん「ほこ」をおさめ、再度の最終決戦に備えて剣を磨くことになる。そしてその第二ラウンドが、約一〇年後にインドシナ半島において起こった「ベトナム戦争」である。

(b) ベトナム戦争の教訓

「ジュネーブ極東平和会議」では、朝鮮半島にかんしては、北緯三八度線での南北朝鮮の分割を確認しただけで、南北統一問題についてはふれられなかった。他方、インドシナ半島にかんする「ベトナム和平協定」においては、北緯一七度線での南北ベトナムの独立を前提として、二年後にベトナム全人民の自由な選挙によって、ベトナムの将来の政治・経済体制をきめることになった。そして当時の情勢においては、北ベトナムの優位が予想されたから、アメリカと南ベトナム政府はこの「協定」には参加しなかった。

それればかりかアメリカは、一九五〇年から六〇年にかけて、南ベトナム政府への経済・軍事援助(一六億六〇〇〇万ドル)を継続的におこない、これにたいして、六〇年一二月に南ベトナムにおいて「南ベトナム解放民族戦線」が結成され、ここに内戦が起こった。そして、六二年末までには「解放戦線」は南ベトナムの農村部の七六%、人口において四五%の地域を支配した。アメリカは、こうした動きは北ベトナム側の後押しによるものと捉え、ここに北ベトナムとの対決は必至の情勢となった。第一撃は、六四年八月二日に起こった。この日、アメリカの駆逐艦がトンキン湾において北ベトナム側の魚雷攻撃を受け、四日、アメリカは北ベトナム海軍基地に報復攻撃をおこなった。そして翌六五年二月七日に、「解放戦線」がブレーク米軍基地を襲撃したのに対し、アメリカ空軍はドンホイを攻撃して（北爆）、三月七日にはアメリカ海兵隊三五〇〇人がダナンに上陸、ここに「ベトナム戦争」が本格化した。その後この戦争は泥沼化し、一〇年近く経ってもアメリカは成果をあげることができないままに、国際的な反戦・平和運動が世界各地で展開された。そして、七五年四月三〇日に南ベトナム政府が無条件降伏し、北ベトナムの勝利が確定し、ここに「ベトナム戦争」が終結した。

「ベトナム戦争」の教訓とはなにか。一つは、アメリカがついに「平和共存」論を承認したことである。[13] ベトナム戦争の勝利はもはやありえないとみたニクソン大統領は、ベトナム戦争終結三年前の一九七二年二月に急遽中国を訪問し、五月にはモスクワに飛び「戦後」の新しい国際秩序について会談し、そのさいアメリカははじめて「平和共存」論を受け入れた。このことはアメリカが、社会主義陣営側の実力を認知したことを意味し、ここに両陣営による「競争的共存の時代」が始まり、欧米的「自由」の概念、社会主義的「平等」の概念、そして、「冷戦対決」を否定する「平和」の概念がようやく全世界の人びとの共通論争の課題となった。しかし、この三つの概念がバランスよく世界の国ぐにや人びとに受け入れられるためには、まだまだ、ひと山もふた山も越えざるをえなかったであろう。それよりも、「ベトナム戦争」終結時に、その一五年後に社会主義諸国のリーダーであるソ連邦が崩壊するとはだれが想像しえたであろうか。しかし、こんにちの時点からみると、ソ連邦の崩壊は、近代デモクラシーの基本原理である「自由」「平等」「平和」思想の発展と実現を求める延長線上において起こった必然的な結果であったということがわかるであろう。

「競争的共存の時代」から「ソ連邦の崩壊」まで（戦後史第二期）

戦後世界政治の第二期は、一九七五年四月末の「ベトナム戦争」の終結から九一年一二月末の「ソ連邦の崩壊」までの約一六年間、それまでの米・ソ超大国による武力闘争や軍拡競争という敵対的対立の時代から、主として経済・科学技術分野における「競争的共存の時代」へと転換した時期と位置づけることができよう。この時期、主要な資本主義国はいちように経済的発展を遂げたが、社会主義国は資本主義国との経済競争に大きくおくれをとり生活水準は向上しなかった。

他方、社会主義国ではベトナム戦争後なお一〇年近く共産党の一党独裁が続き、言論・出版・思想・集会の自由がいちじるしく制限されていたから、国民の自由な意志が政治に反映されることはなかった。経済的に貧困でおまけに精神的にも不自由とくれば、いかなる国民であろうとも不平不満が積もることは当然であろう。こうした「スターリン型共産党」の革命理論と組織論にたいする批判は、七〇年代に入って、まずフランス、イタリアなどの先進資本主義諸国の共産党内部で始まり、「プロレタリアートの独裁論」や「暴力革命論」を否定して議会を通じて社会主義的改革を実現するというヨーロッパ型「社会民主主義論」への切り替えを目ざすという、いわゆる共産党の「自由化」・「民主化」現象(ユーロコミュニズム)[14]が起こった。

ところで第二次世界大戦後、ソ連邦の管理下におかれた東欧社会主義諸国は、もともとは西欧デモクラシーの文化圏に属した国ぐにであったから、そもそもソ連型政治制度やイデオロギーと適合しなかったことは十分に推測できよう。こうした傾向は、戦後すぐの一九四八年に、ユーゴスラヴィア大統領チトーとスターリンの対立となって現われ、ユーゴ共産党は、欧州共産党の団結機関である「コミンフォルム」(欧州共産党情報局)を除名された。また一九五六年二月の第二〇回ソ連共産党大会の「秘密会」で、フルシチョフ第一書記がスターリン批判をおこなうと、ソ連や自国の親ソ政府に反対して、六月にポーランドのポズナニで暴動が起こり、一〇月には「ハンガリー事件」が起こった。そして、六八年にはチェコスロバキアにおいて「自由化」「民主化」を求めソ連・親ソ政府にたいする国民運動が起こった(「プラハの春」)が、いずれの事件も「社会主義の大義を守る」という名目のもとに強大なソ連軍によって鎮圧された。

しかし、「ベトナム戦争」終結後の「平和共存」、「競争的共存」の時代に入ると、西欧デモクラシーの思想や制度が東欧諸国に急速に浸透していったことは推測に難《かた》くない。その証拠に一九八〇年に、ポーランドでソ連型独裁制に反対する自主管理労組「連帯」(九月創設、委員長ワレサ)の運動が起こった。

そして、ついに一九八九年六月四日、当時もっとも厳格な社会主義国家と思われていた中国においてすら、「自由化」「民主化」を求める事件(「天安門事件」)が起こり、それに呼応して、ポーランド、東独、ハンガリー、チェコスロバキア、ブルガリア、ルーマニアなどの東欧諸国において「自由化」「民主化」を求める国民運動が勃発し、次々にソ連からの離脱を宣言した。(15)

こうしたことが可能であったのは、それぞれの国ぐにでの長年にわたる改革・反対運動の継続があったことはいうまでもないが、決定的なことは、ソ連共産党指導部の内部で、八〇年代後半以降、「自由化」「民主化」を志向する動きが起こっていたからである。そしてその改革の動きはわれわれの想像を超えるほどの大胆なものであり、一九八五年にソ連共産党書記長となったゴルバチョフは、「改革」(ペレストロイカ)と「情報公開」(グラスノスチ)、「市場原理の導入」を表明し、資本主義陣営のみならず、社会主義陣営にも大きな衝撃を与えた。その後、このゴルバチョフ改革はとどまるところを知らず、国際的には、一九八八年三月に「新ベオグラード宣言」を発表し、一九六八年一一月一二日の「ブレジネフ(一九〇六―八二年)・ドクトリン」(「社会主義の大義」のためには社会主義国の「主権」は制限されうるとする「制限主権論」)を廃棄して社会主義諸国家間の融和をはかり、また八九年一二月(二・三日)には東西両首脳〔ブッシュ(父)大統領とゴルバチョフ書記長〕によって「冷戦終結宣言」(マルタ会談)が発表された。また国内的には、共産党一党独裁の廃止(九〇年二月)からついには共産党自体の解散宣言(16)(九一年一二月)までなされた。

そのまえの九一年八月一九日には、ゴルバチョフの「自由化」「民主化」の方向に社会主義体制の危機を感じたヤナーエフ副首相らの保守派による「クーデタ」が起こった。この「クーデタ」は三日で鎮圧された(三日天下)が、これを契機にその後のソ連邦の政治体制をめぐる二つの路線が明らかとなった。一つは、ゴルバチョフ路線で、これは、これまでソ連邦を構成していたロシア共和国をはじめとする一一の共和国に主権を認めつつも、それらの主権国家を束《たば》ねて国家の統一性を維持する政権(国家評議会)を上におくという、いわゆる「主権国家構想」で、これはアメリカ・カナダ型の大統領制を想定したものといえよう。もう一つはエリツィン路線で、これは、ロシア共和国の優越性は認めるが一一の共和国をそれぞれ独立国家にして連合するという、EU型の共同体(「独立国家共同体」)を構成するもので、ソ連邦の構成国は、後者の道を選択した。こうして、一九一七年のロシア一〇月革命以来七二年以上続いたソ連邦の社会主義体制は崩壊した。

このさいアメリカは自由民主主義と資本主義的市場経済の勝利を謳歌したが、ソ連邦の方向転換は、より正確には近代デモクラシー自体の勝利というべきであろう。これまでソ連邦は、自由主義的な資本主義国家の思想と制度のすべてを否定しようとした。他方、アメリカは社会主義の思想と制度をいっさい排除するというものであった。「冷戦対決」はその表現であった。しかし、近代デモクラシーの本質と歴史は、社会主義は、自由民主主義の延長線上にあり、両思想は包摂共存できる、ということを証明しているように思われる。そして、以上のことを実験し試されようとしているのが、冷戦終結後の現在の第三期である。

個人自由の尊重とEU(欧州連合)の時代(戦後史第三期)

(a) 個人自由の尊重

冷戦終結後すでに二〇年近くが経った。人類はそれまでに「冷戦対決の時代」、「競争的共存の時代」、「冷戦終結」「ソ連邦の崩壊」などのさまざまな大事件を経験し切り抜けてきた。そしていま人類は、戦後第三の時期に入った。この時期に人類は、近代デモクラシーの三つの基本概念である「自由」「平等」「平和」の理念をどの程度発展させることができるのであろうか。

ところで、二一世紀初頭の現代がかかえている最大の難問は、二〇〇一年九月一一日の「世界貿易センタービル」爆撃を契機にして起こった「イラク戦争」(二〇〇三年三月二〇日―五月一日)をめぐる一連の問題である。この戦争自体は四〇日ほどで終結し、二〇〇三年七月に「イラク統治評議会」が発足、二〇〇四年六月末にイラクに主権が委譲されたが、治安は依然として悪く、内戦は長びき(第二の「ベトナム戦争化」)、「平和」実現の有効な手段は見えてこない。そして、アメリカが「アメリカの大義」(おくれた国ぐにを文明化するというアメリカの責務)を唱え、他方でアルカイダやそれを支える集団・国家が「イスラム原理主義の正統性」を唱えるかぎりでは、この問題の解決はありえない。

もっとも、こうした宗教上の対立を融和する和解策については、われわれは歴史上貴重な経験をもっている。近代初の市民革命であるピューリタン革命は、基本的には「所有権をめぐる闘争」で、封建階級対新興市民階級、王党派対議会派という集団的利益をめぐる政治闘争であったが、同時に、この革命が「ピューリタン革命」とネーミングされていることからもわかるように、革命は、国王派や封建階級と結びついた「国教派」と議会(下院)や新興市民階級と結びついた「新教派」との争いであった。結局この宗教をめぐる問題は、「内面の自由」は認める、つまり、異なる宗教を「寛容」するという形で政治的に決着した。そして、その理論的根拠は、個々人の「生命尊重」(自己保存)のためには「宗教の自由」を保障して、戦争(内乱)をやめて平和を守る、というデモクラシー原理にもとづいたものであった。近代民主国家において「宗教的紛争」が少ないのは、こうした歴史的・政治的・思想的決着を採択してきた結果である、といえよう。

とすれば、宗教対立を解決する問題は、「宗教の自由」は尊重しつつも、すべての個々の人間が、「自由」「平等」「平和」の重要性について徹底的に討論して解決をはかる方法以外に妙案はないのである。そしていかなる紛争や意見の対立も、時間をかけて討論すれば必ずや合意に到達することは歴史が証明している。人命を損傷する武力行為よりも平和的な討論が必要である。結局、紛争・戦争を解決する方法は、集団的利益を前面におくのではなく、諸個人間の相互理解に努める民主主義的方法をとることが唯一・最良の手段である、といえよう。

(b) EU(欧州連合)の時代——新しい平和組織モデル⑰

では、近代デモクラシーのキー概念である「自由」「平等」「平和」を発展・実現させる可能性はあるのか。一つだけそのモデルがある。それがEUである。これまで日本では、EUはヨーロッパの問題としてあまり注目されてこなかった。しかし、二〇〇三年にアメリカが国連の安保理事会の決議をえないまま「イラク戦争」を強行したときに、EU創立の中心国であったフランスとドイツがアメリカに「待った」をかけ、日本でもその存在が広く認識されるようになった。

EUは、最初は米・ソ超大国の「冷戦対決」から距離をおいて、ヨーロッパの政治的・経済的自立と国際的な平和維持を目的とし、「冷戦終結」後は国際政治におけるアメリカの「一極支配」に代る新しい国際平和秩序保持の機能を果すことを目ざしている。そして、ここに至るまでには約六〇年近くの長い年月を要したのであった。

EUの設立は、二度の世界大戦において敵対する主要当事国であったフランスとドイツが手を結ばなければ、ヨーロッパの、ひいては世界の平和は達成されえないという反省のもとにその形成が模索されたものであった。フランスとドイツは、ベネルクス三国とイタリアを加えた六カ国

(「小欧州」)によって一九五一年九月に「ヨーロッパ石炭鉄鋼共同体」(ECSC)を設立したが、その結成の狙いは、経済力をつけて米・ソのコントロールから自立しようというものであった。そして、この組織は五七年三月には「ローマ条約」を結んで、「ヨーロッパ経済共同体」(EEC)と「ヨーロッパ原子力共同体」(EURATOM)を設立、六七年には、ECSC、EEC、EURATOMを統合して「ヨーロッパ共同体」(EC)を発足させた。これが、EUの原型というべきものであった。

そして、一九七三年にはイギリス、デンマーク、アイルランドの三国がECに加盟し、ここに九カ国からなる拡大ECが成立した。また九二年には「欧州連合条約」(マーストリヒト条約)を結び、加盟一二カ国(先述の九カ国プラス、八一年ギリシア、八六年スペイン、ポルトガル)によって「欧州連合」(EU)が成立した(18)(一九九三年)。

ではEUの形成と実験は、人類史上においていかなる意義をもつのか。二〇世紀世界全体を通じて人類が創った最大傑作《マスターピース》は「国際連合」である。「国連」は第二次世界大戦後、政治・経済体制もイデオロギーもまったく異なる国々(資本主義国家と社会主義国家)が、二度と再び戦争の悲惨さを味わいたくないといった決意のもとに作られた。

しかし戦後まもなく顕在化した東西間の敵対関係によって、国連の最重要機関である「安全保障理事会」の平和維持機能が十分に発揮されなくなった。このため、アメリカ主導の西側陣営の集団安全保障機構としての「北大西洋条約機構」(NATO、一九四九年設立)やソ連主導の「ワルシャワ条約機構」(WTO、一九五五年設立、九一年解体)が設立されたが、これらの機構は、しょせんは軍事同盟であったから、「冷戦」や「熱戦」(「朝鮮戦争」、「ベトナム戦争」)を抑止することはできなかった。こうしたなかで、米・ソ両陣営のいずれにも偏らず、またそれらにあからさまな敵対姿勢もとることなく、経済的な安全保障と「人間生命の安全」保障を目ざして設立されたのがEUであった。

ところで、「世界平和」という一大目的のために、二〇世紀に入って人類がようやく一つの組織・共同体に結集して実現しようとしたチャンスが二度あった。一度目は第一次世界大戦直後の「国際連盟」の設立であるが、この「連盟」は、日本・ドイツ(一九三三年脱退)、イタリア(三七年脱退)などのファシズム国家の台頭によって内部崩壊したため、第二次世界大戦の勃発を阻止できなかった。二度目は第二次世界大戦後、国際平和維持のために「国際連合」が設立されたが、戦後すぐに「冷戦対決」がはじまったため、国連の平和維持機能はまひしてしまった。そして、こうした国連の平和維持機能低下は、「冷戦終結」(一九八九年)、「ソ連邦の崩壊」(一九九一年)という事態によっても、国際政治上におけるアメリカの「一極支配」という現象が強まったために回復しないままである。このとき、「国連」に代る「平和組織」として登場し注目されてきたのがEUである。

とすると、第二次世界大戦後早くも、「人権と自由」という普遍的な原理を中心に、米・ソのいずれにも属さない「平和組織」(EU)を作ることを目ざしたヨーロッパの見識に、われわれは驚かざるをえない。ではなぜヨーロッパではそのことが可能であったのか。結論的にいえば、この地域の国家や国民は、ギリシア・ローマ以来、二五〇〇年もまえから、自由・平等・平和などの思想形成——賛成・反対の姿勢をとりながらも——の場に共通に参加してきた長い長い経験をもっていたから、EUの結成に多くの国ぐにが結集していったのであろう。

そして「EU」に参加した諸国の共通思想は次のようにまとめることができよう。まず、これまでの戦争や紛争の原因は経済的不平等(英仏対独伊にみられる帝国主義戦争)にあったという認識。次に、「人権と自由」の意識の低いところつまり民主主義思想の稀薄な国(ドイツ、イタリア)では「ファシズム」や「ナチズム」のような「独裁形態」が生じやすいこと、またそこから、自民族の優秀性を高唱し、自分とは異なる宗教や文化をもつ民族を抑圧し、最終的には戦争の手段に訴えてでも支配するようになること、最後に「国家」が、その「国家利益」を「個人利益」に優先させて「狭隘《きょうあい》なナショナリズム」(国家主義)を高唱し、また自国の利益のためには他国の利益を否定する行動にでるときには、それが戦争を誘発する原因となること、などであった。EUは、とかく「経済統合」による利益をはかる組織と考えられがちだが、ヨーロッパ共通の問題を論じる「閣僚理事会」(首脳会議)や「ヨーロッパ委員会」、「ヨーロッパ議会」、「ヨーロッパ司法裁判所」などの組織を通じて、各国共通の利益をはかり、したがって一国が身勝手な国家行動をとることを批判できるしくみとなっている。このことは、近代以降、国家の中心的指標とされてきた「国家主権」(国家権力は、国内的には、他のいかなる集団(国王権力、経済団体、宗教団体)の権力よりも上位にあり、またいかなる外国権力による「主権の侵害」も許されないという考え」を、ヨーロッパ共通の利益のためには、ばあいによって制限することもありうるという立場を認めることを意味する。

以上われわれは、EUの思想から、二一世紀の今後の在り方としてなにを学ぶことができるだろうか。はっきりしていることは、この地球上に、EU型の組織がいくつか複数できて、それらがゆるい形で連合すれば、国際平和の実現はより確実なものになるであろう、ということである。しかしこのEUモデルをただちに世界全体に応用することはできない。たとえばアジア地域においては、日本、中国、韓国、東南アジア諸国と、EU的な「通貨統合」(ユーロ)とか国家主権の制限による「政治統合」への道をいますぐ実施するわけにはいかないだろう。なぜなら、アジア地域における各国の経済条件や人権思想の理解度は、ヨーロッパ諸国と異なり、かなりの違いがあると思われるからである。

恐らく、EUの「アジア版」、「南米版」、「アフリカ版」などへと進むのは、二一世紀全体を要する長期的な作業になるであろうが、歴史的経験からみれば、世界政治は必ずや複数のEUモデルによる連合体へと接近していくものと確信している。ところで、個人レベルであれ、国民国家レベルであれ、「経済的不平等」が、あらゆるトラブルや紛争・戦争の基本的原因であることはこんにちだれでもわかっている。そこで「ＥＵ化」への道は、まずはこうした「経済的不平等」を是正していくことであろう。

しかし、問題は「経済的不平等」の解決につきるものではない。現在、国際平和にとってきわめて重要な問題となっているのは、一つは「民族問題」つまり「ナショナリズム」(自民族の歴史や伝統や文化を愛する心)の問題である。「ナショナリズム」はあらゆる民族にとって重要な思想であり、尊重されなければならないが、この思想が、自由・平等・平和などの民主主義の普遍的原理を抜きにして、自国の優越性が過度に主張されると――ドイツ(ゲルマン)民族の優秀性、日本の八紘一宇など――、他民族を抑圧する侵略主義的・軍国主義的思想となる。アメリカとイラク間の、あるいは日・中や日・韓の間にみられる「歴史認識」や思想上の違いにもとづく対立なども、人間の自由とか人間の尊重とかの民主主義の原点に立って相互理解を深める努力をすれば必ずや解決するであろう。

もう一つ、「民族問題」と並んでむずかしい問題に「宗教問題」がある。ＥＵ諸国のなかでもカトリック教徒の多い国もあれば、プロテスタント教徒の多い国もある。しかし、現在、ＥＵ諸国では、多様な宗派が宗教教義の違いを超えて共存できているのはなぜか。それは、近代国家形成期に「宗教的寛容」や「宗教の自由」を認める思想が諸国民の間で共有されるようになっていたからである。

いずれにせよ、今後の二一世紀における民主主義実現の道は、「政治的・軍事的独裁の問題」、「経済的不平等の問題」、「民族問題」、「宗教問題」などをどのように解決するかにかかっているが、このさい、本書でくり返し述べてきたように、各国ごとに「個人の自由」、「個人の安全(平等)」の確立を目ざし、そうした国家が、いくつかのＥＵモデルを作って連合し、「世界平和」を実現するように努めることが最良の解決策であるといえよう。

(1)　戦後世界の政治史・政治思想の詳細については、拙著『戦後日本政治史』講談社学術文庫、一九九六年、『戦後世界政治史』講談社学術文庫、一九九九年、『二〇世紀という時代――平和と協調への道』二〇〇〇年、『「第三の開国」は可能か』二〇〇三年、『ヨーロッパ知の巨人たち――古代ギリシアから現代まで』二〇〇六年、以上日本放送出版協会(ＮＨＫライブラリー)、を参照されたい。

(2)　チトーは、一九四七年六月に発表された「マーシャル・プラン」に対抗して欧州共産党の団結を固めるため同年一〇月に結成された「欧州共産党情報局」(コミンフォルム)の設置をはじめ東欧諸国の団結に尽力したが、その自主的態度がスターリンに嫌われるところとなり、四八年六月にユーゴ共産党はコミンフォルムを除名され、両国の対立が鮮明化した(一九八八年三月に和解)。そして五〇年代に入ると、ユーゴでは労働者集団の投票によって選ばれた「労働者評議会」を形成し、この「評議会」は、生産実施機関の承認や労働規律の決定、企業利潤の分配の決定の権限をもったから、ユーゴでは、ソ連型の共産党指導に代る労働者の自主管理体制が生まれ、これがのちの東欧諸国における「自由化」「民主化」の政治・経済体制のモデルとなったといえよう。

(3)「ハンガリー事件」とは、一九五六年一〇月二三日に、首都ブダペストでラーコシ親ソ政権にたいして政治的自由の確立を要求した労働者・学生のデモが、一一月四日にソ連の軍事介入によって終わった事件。この「ハンガリー事件」は、ポーランドにおける同年六月二八日の「ポズナニ反乱」と並んでソ連型社会主義に反対する国家レベルでの運動のさきがけをなすものであった。

(4)「プラハの春」とは、一九六八年一月以降、ソ連寄りのノボトニー政権およびソ連にたいして「自由化」「民主化」を求めて起こった国民運動。ノボトニーに代って第一書記に就任したドプチェクが四月に「社会・政治制度の全般的自由化・民主化」を約束し、チェコスロバキアにおける改革政策が推進された。そして、六月二七日には、自由派知識人ら七〇名が改革の徹底化を要求する「二千語宣言」を発表した。こうした動きに危惧を感じたソ連、ポーランド、東独、ハンガリー、ブルガリアなどのワルシャワ条約機構軍は八月二〇日、首都プラハに進撃し弾圧した(「チェコ事件」)。この「チェコ事件」は、一九五六年の「ハンガリー事件」とともに、その後の東欧諸国の「自由化」「民主化」「脱ソ連化」を求める運動の先駆となった。

(5) ヤルタ会談は、ルーズベルト、チャーチル、スターリンの米・英・ソ三首脳が、一九四五年二月四日から一一日にかけておこなった会談。この会談では、戦後処理たとえば英・米・仏側とソ連邦によるドイツの分割占領が決められ、またソ連の対日参戦の代償としては、南樺太・千島の領有が認められた。この後ソ連軍は、四月一三日にはウィーンを占領、二二日にはベルリンに突入。五月七日にはドイツ軍がフランスのランスで、八日にはベルリンで降伏している。また八月八日には、ソ連は「日ソ不可侵条約」を破棄して「対日宣戦」を布告し、翌九日には満州、朝鮮半島へ怒濤のように南下してきた。

(6)　第二次世界大戦が終結した直後には、戦後の国際平和は、米・英・仏・中(中華民国)・(旧)ソ連との協調により国際連合を通じて実現される、とだれもが思っていた。しかし日独伊ファシズム国家との対抗においては米・英・仏とソ連は相互に手を結んだものの、「資本主義対社会主義」という政治・経済体制、イデオロギーにおいて相互にまったく相容れない東西両陣営の対立構造は、いっこうに解消されていなかった。攻撃を仕掛けたのは、資本主義の側からであった。このことは、ドイツが降伏(一九四五年五月七・八日)して五日後の五月一二日(この頃、太平洋地域ではなお戦争が続行中であり、米・英・仏はソ連に対して対日戦参加を要請していたが)、アメリカ大統領トルーマン(一八八四—一九七二年)は早くも「対ソ武器貸与停止」を命じていたことにも表われている。また戦争終結から半年ほど経った一九四六年三月五日に、イギリス首相チャーチル(一八七四—一九六五年)は、アメリカのミズーリ州フルトンにおいて、「北はバルチック海のシュテッチンから南はアドリア海のトリエステに至るまで、ヨーロッパ大陸を縦断して鉄のカーテンがおろされている」という有名な「鉄のカーテン演説」をおこない、ソ連および共産圏の閉鎖性を痛烈に非難している。これに対してすかさずスターリン(一八七九—一九五三年)が『プラウダ』(ソビエト共産党中央委員会機関誌)の記者に「チャーチルは戦争挑発者である」と語っている(三月一三日)。さらにトルーマンは、一九四七年三月の上・下両院合同会議において、東欧・ソ連地域への最前線に位置するギリシア・トルコに対して四億ドルの援助を要請する議会演説をおこない、五月に「援助法」が議会を通過した。共産主義がはびこるのは国民生活が窮乏しているから、これら両国を援助しようというもので、これが有名な「トルーマン・ドクトリン」と呼ばれた戦後アメリカの基本戦略の原型である。この「ドクトリン」は別名「封じ込め政策」ともいわれるが、それによると、ソ連の周辺国に対して経済的・軍事的援助を与えることによってソ連を「封じ込め」、それに成功すれば、ソ連は自然発生的に内部崩壊するであろうというものだった。

次いでアメリカは、一九四七年六月に「ヨーロッパ復興計画」すなわち「マーシャル(国務長官、一八八〇—一九五九年)・プラン」を発表するが、これはヨーロッパを経済的に復興させることによって、同地域への共産化の波及を阻止しようとするものであった。この援助はソ連や東欧諸国にも与えようというものであったが、すでに東西冷戦が進行していたため、社会主義陣営側は拒絶した。こうして、四八年四月から五一年末までに西欧諸国がアメリカから受けた援助額は、総額一一〇億ドルに達したといわれている。ところで一九五八年一月に、ヨーロッパ経済の自立化を目ざした「ヨーロッパ経済共同体」(EEC)が正式に出発し、このEECがのちにECから拡大EC、EUへと発展していったことを思えば、ヨーロッパ経済の再建に寄与した「マーシャル・プラン」が、こんにちの「欧州(ヨーロッパ)連合」の生みの親といえるかもしれない。

(7)　一九五〇年六月二五日の早朝未明、北緯三八度線をはさんで対峙していた韓国軍と(北)朝鮮人民軍との間で武力衝突が発生、人民軍が三八度線を越えて韓国に侵入した。戦争が勃発するや、アメリカは安全保障理事会(ソ連欠席)において、国連加盟国による北からの武力攻撃の撃退、韓国援助を求める米決議案を採択させ、日本占領軍最高司令官マッカーサー陸軍元帥を「国連軍」最高司令官に任命している。ここでいう「国連軍」とは、「国連憲章第七章」にもとづく、国連の武力制裁のためにあらかじめ用意されている各国軍隊の集合体という意味での正規の国連軍ではない。朝鮮戦争のときは「国連軍」(七月二六日にアメリカ、イギリス、フランス、カナダ、ベルギー、オランダ、ルクセンブルク、オーストラリアなど一六カ国から組織された。そのほか、イタリア、デンマーク、ノルウェー、スウェーデンなどが「医療施設」、「医療部隊」などを「国連軍」に提供した）の警察活動という名のもとに、北朝鮮軍とそれを支援した中華人民共和国義勇軍と戦闘行為をおこなったが、「国連軍」の実態はアメリカ軍であった。朝鮮戦争は開戦後一年ほどたった五一年六月ごろから膠着状態に入り、このときソ連の国連代表マリクが「停戦交渉」を提案し、五三年七月二七日、板門店での「休戦協定」調印にこぎつけた。

(8)　朝鮮戦争の始まる一年ほどまえの一九四九年九月にはソ連が原爆を所有していることが明らかとなったが、五三年八月八日には、三月五日に死去したスターリンに代って首相の地位についたばかりのマレンコフ(一九〇二―八八年)が最高会議(ソ連邦の議会)で水爆保有を発表した。

(9)　一九四九年四月に、世界七二カ国から一七八四名が参加して、パリで第一回世界平和擁護大会が開かれ(プラハでも開催)、「冷戦の放火者」を非難し、「世界大会委員会」を設置した。これが戦後における民間レベルでの最初の国際的平和組織の誕生である。続いて翌五〇年三月、「核兵器の実験・製造・使用禁止」をはじめ「米・ソの話し合い」、「緊張緩和」、「インドシナ戦争の即時停止」などを訴える最初の国際的連帯をもった原水爆禁止運動(「世界平和擁護大会常任委員会第三回総会」)がストックホルムで開かれ、この総会において「ストックホルム・アピール」が採択され、日本での約六五〇〇万人をふくむ世界で約五億人の人びとが署名した。また五一年二月には、ベルリンにおいて、「世界平和評議会第一回総会」が開かれ、また五五年一月の「世界平和評議会拡大執行局会議」においては、原爆戦争準備反対と原子兵器の廃絶を訴える「ウィーン・アピール」が採択され、この「アピール」には約七億人近い人びとが署名している。

ところで、広島・長崎に原爆を投下された世界で唯一の被爆国日本においては、核兵器に反対する気運がとくに強かったのは当然である。そして、こうした気運に火をつけたのが、一九五四年三月一日のアメリカの「ビキニ環礁水爆実験」によって放射能(「死の灰」とも呼ばれた)に汚染された「第五福竜丸」事件である。このとき乗組員二三人全員に放射線障害が現われ、久保山愛吉無線長が同年九月二三日に死亡している。この衝撃は大きく、ただちに広島、東京などで市民団体の署名運動が展開された。そして翌五五年八月六日には、「第一回原水爆禁止世界大会」が広島で開催され、以後こんにちに至るまで毎年八月六日に、広島で「世界大会」が開催されるようになった。

また、各地方自治体の議会をはじめ、第三次鳩山内閣のときの一九五六年二月九日には衆議院において、二月一〇日には参議院においても、「原水爆実験禁止要望決議」がなされ、日本の原水爆禁止運動はようやくすべての政党をふくむ全国民的なものとなった。

(10) この会議で南北朝鮮統一問題の解決はみられなかったが、「インドシナ休戦協定」は締結された(七月二一日)。この会議では、インドシナ戦争の当事国ベトナム民主共和国(北ベトナム)、ベトナム国(南ベトナム)、ラオス、カンボジア、フランスの五カ国のほかにアメリカ、イギリス、ソ連、中国を加えた九カ国が討議した。

(11) 「平和五原則」とは、領土・主権の相互尊重、相互不可侵、内政不干渉、平等互恵、平和共存を内容とするもの。

(12) 「平和一〇原則」とは、アジア・アフリカの二九カ国が参加した第一回アジア・アフリカ(バンドン)会議で定められたもので、基本的人権、国連憲章、国家主権、個別的または集団的自衛権、正義と国際義務の尊重、人種と国家間の平等、国際紛争の平和的解決、相互の利益と協力の増進などを主な内容とする。この「バンドン一〇原則」の精神は、一九八五年、アジア・アフリカ会議三〇周年式典に参加した八十数カ国によってなされた「新バンドン宣言」にひきつがれている。ここでは「バンドン一〇原則」の確認とともに、その後の国際政治のうえで重要になってきたことがら、たとえば、核実験と核兵器の製造・使用の禁止、新国際経済秩序(NIEO)の確認などが新しく盛り込まれている。

(13) ベトナム戦争の泥沼化と国際的・国内的に強まってきた「ベトナム反戦運動」のなかで、アメリカ大統領ニクソン(第三七代、在任一九六九—七四年)は「対決から対話へ」と方針を転換し、ベトナム戦争の終結と中国との和解を内容とする「ニクソン・ドクトリン」(一九六九年七月二五日)を発表した。そして七二年二月二一日に中国を訪問、二七日に「米中共同声明」(上海コミュニケ)を発表し、七九年一月一日を期して外交関係を樹立した。ちなみに、田中角栄首相が九月二五日に中国へ出発し、周恩来首相、毛沢東国家主席とも会談し、二九日には「日中共同声明」に調印して、戦前から四〇年余続いた日中間の「法的な戦争状態」を解消し、国交正常化をはかったことの意義は大きかった。

続いてニクソンは、中国訪問後、すかさず五月にソ連を訪問し、「米ソ共同声明」(二二—二九日)に調印した。この「共同声明」では米・ソの相互関係と国際問題について述べられている。相互関係については、まず弾道弾迎撃ミサイル(ABM)の制限と戦略核兵器制限交渉(SALT・I)が始まった意義は大きい。そのほか、通商および経済関係の発展、科学技術についての協力、保健分野と環境保護にかんする協力などについても述べられている。次に国際問題については、「平和五原則」を基礎に、ヨーロッパの緊張緩和のための努力、中東問題の平和的解決の支持、ベトナム戦争の早期解決、国連の平和と安全の機能の強化などについて合意している。これに合わせて田中角栄首相は、七三年一〇月(八—一一日)に訪ソし、ブレジネフ書記長、コスイギン首相とモスクワで会談し「共同声明」を発表したが、「北方領土問題」があるために、五六年一〇月一九日に鳩山一郎首相が国交回復にかんする「日ソ共同宣言」に調印したときと同じく、「平和条約交渉」を継続するという確認にとどまった。

(14) 一九五六年二月一四日から二五日にかけてのソ連共産党第二〇回大会において、第一書記フルシチョフ(一八九四―一九七一年)は、資本主義側が仕掛けてくる帝国主義戦争は不可避であるから、平和の確立のためには全世界を社会主義化しなければならないとしたレーニン(一八七〇―一九二四年)やスターリンの考え方を否定し、社会主義社会は平和的手段でも達成可能であると述べて、いわゆる「暴力革命」論に修正を加える発言をした。また二月二四日の党大会秘密会でのフルシチョフの「スターリン批判」(個人崇拝批判など)演説は、ヨーロッパ諸国の共産党に衝撃を与えた。そして一二月のイタリア共産党第八回大会において、「社会主義へのイタリアの道」(トリアッティ書記長)いわゆる「構造改革」路線が提起された。これは高度に発達した資本主義国家においては、議会で多数派を形成しながら社会主義を実現するというもので、ここでは、マルクス・レーニン主義で重視される「暴力革命論」や「プロレタリアートの独裁論」(社会主義革命後は共産党と労働者階級が社会主義社会の実現のために全権力を掌握し権限を行使するという理論)が否定された。そして、こうした構造改革論は、一九七〇年代以降、イタリア、フランス、スペインなどの共産党において「プロレタリアートの独裁論」の放棄へとすすむ。たとえばイタリアでは、七三年一〇月、書記長ベルリングェルが「歴史的妥協」政策を発表してキリスト教民主党との連立を提唱、八二年二月には、共産党中央委員会がソ連型社会主義体制拒否宣言を発表している。日本共産党も七六年に「プロレタリアートの独裁論」を正式に綱領から削除している。その後、世界の主要な共産党は議会で多数を獲得して平和的に社会主義を実現する方向、いわゆる「ユーロコミュニズム」を打ちだすことになる。

(15) 《一九八九年「東欧反乱」(いわゆる東欧革命)の動き》

一月二八日　ハンガリー社会主義労働者党(共産党)中央委員会で党の指導的役割の放棄、複数政党制の容認(二月一一日)、「プロレタリアートの独裁」の放棄(六月二三日)
四月　五日　ポーランドで政府と自主管理労組「連帯」(ワレサ委員長)との間で、二院制議会の導入に合意
六月　四日　ポーランド初の自由選挙で「連帯」が圧勝(上院一〇〇議席中九九議席獲得)
九月一九日　東ドイツ、初の反体制グループ「新フォーラム」発足
一〇月　七日　ハンガリー社会主義労働者党、「社会党」と改名、党の指導的役割を削除(一八日)、国名を「人民共和国」から「共和国」へ
一〇月一八日　東ドイツの社会主義統一党(共産党)の書記長ホーネッカー辞任
一〇月二八日　チェコスロバキアのプラハで民主化要求の二万人デモ
一一月　三日　ブルガリアのソフィアで民主化要求デモ
一一月一〇日　「ベルリンの壁」の取り壊し始まる
一二月　七日　リトアニア、エストニア共和国、複数政党制を決定へ。リトアニア共産党、ソ連から自立宣言(二〇日)
一二月一六日　ルーマニアのティミショアラで反政府デモ
一二月二二日　ルーマニアで「救国戦線評議会」が権力を掌握。チャウシェスク大統領夫妻処刑(二五日)

以上みてきたように、東欧反乱(革命)の内容は次のようにまとめることができる。まず第一に八九年一〇月から一二月にかけて、東ドイツ、ブルガリア、チェコスロバキア、ハンガリーの共産党指導者が

次々に退陣し、東西対立の象徴といわれた「ベルリンの壁」が二八年ぶりに打ち壊された。また東欧諸国のなかにはポーランド、ハンガリーのように国名から「人民」という名称をはずす国や、ハンガリー、東ドイツのように共産党が党名を変更した国もあった。さらに各国とも自由選挙と複数政党制を導入し、チェコスロバキアの「市民フォーラム」、ルーマニアの「救国戦線」などの市民主義的な政党が、共産党に圧勝した。そして九〇年一〇月三日には、東西ドイツの統一が実現した。九一年七月一日には「ワルシャワ条約機構」(WTO)を解体し、五五年の設立以来三六年間続いた、ソ連の主導する東欧社会主義諸国間の統一と団結の歴史に幕が閉じられた。

(16) 旧ソ連の本格的改革は、一九八五年三月ゴルバチョフが党書記長に選任されたときに始まった。ゴルバチョフの改革路線の内容としては、一つは「新しい政治思考」という政治思想である。かれは八六年二月の第二七回党大会において、核による人類破滅の脅威と地球的規模での環境破壊という状況のなかでは、「全人類的価値」が社会主義の原理である「階級的価値」に優先するという「新しい政治思考」を提案し、社会主義圏に住む人びとはもとより、全世界の社会主義に好意を寄せる人びとを驚かせた。もう一つは、かれが八六年六月に「党中央委員会」において打ちだした「ペレストロイカ路線」である。かれがこの路線を採用した重要な理由のひとつは、ソ連における経済の行き詰まりの打開という課題がその背景にあったからである。そのためには「市場原理」や政治の世界におけるプルーラリズム(多元主義)の導入、また国際的には、東西両陣営間のデタント(緊張緩和)路線による軍縮の方向をとり入れる必要があった。そして、以上の二つの思考は、西欧デモクラシーの基本原理である自由主義や民主主義の思想や制度とも合致する、いわば自由民主主義と社会(民主)主義との接合の試みともいうべきものであった。

(17)　ＥＵ(欧州連合)は、第二次世界大戦の戦火がようやくおさまり、ヨーロッパ諸国が経済復興のための建設にとりかかっていた一九五〇年五月九日に、フランスのシューマン外相が発表した「シューマン宣言」(「シューマン・プラン」)に始まる。この内容は、ヨーロッパの経済統合をはかることによって、アメリカに対抗し、ヨーロッパの自主化を目ざそうということだったが、それにはまずヨーロッパ大陸の二大国フランスとドイツの協力体制を作ることによって、二度の世界大戦のような戦争を物理的に不可能にしようというところにその狙いがあった。そして、このＥＵ形成の最終目標が世界平和に貢献しようというものであったことは、この宣言冒頭の「世界平和はそれを脅かす危険に見合う創造的な努力なしでは守れない」という文言からも推測できよう。

(18)　ＥＵの構成国は、一九九五年には、スウェーデン、フィンランド、オーストリアが加盟して一五カ国であったが、二〇〇四年には、旧社会主義国の東欧諸国や地中海諸国などの一〇カ国(ポーランド、チェコ、ハンガリー、エストニア、ラトビア、リトアニア、スロバキア、スロベニア、マルタ、キプロス)が加盟し、二〇〇七年には、ブルガリア、ルーマニアが加盟し、現在二七カ国(トルコは未定)で、ＥＵはいまや世界最大の単一市場に成長しつつある。また一九九七年には「マーストリヒト条約」が「アムステルダム条約」(新欧州連合条約)に改定され、九九年には仏独を中心に一一カ国が「ユーロ」を導入し、二〇〇一年にはギリシアも参加した。

参考文献

参考文献については、読者が入手しやすいような基本的文献を必要最小限、章別構成にしたがってあげておく。

高木八尺・末延三次・宮沢俊義編『人権宣言集』岩波文庫
宮沢俊義編『世界憲法集』岩波文庫
福田歓一『国家・民族・権力』岩波書店、一九八八年
ダントレーヴ『国家とは何か』石上良平訳、みすず書房、一九七二年
小松茂夫『権力と自由』勁草書房、一九七〇年
田中克彦『ことばと国家』岩波新書
小野紀明『精神史としての政治思想史』行人社、一九八八年
半澤孝麿『ヨーロッパ思想史における〈政治〉の位相』岩波書店、二〇〇三年
半澤孝麿『ヨーロッパ思想史のなかの自由』創文社、二〇〇六年
ラスキ『近代国家における自由』飯坂良明訳、岩波文庫

ラスキ『国家——理論と現実』石上良平訳、岩波書店、一九五二年
プラトン『国家』藤沢令夫訳、岩波書店、プラトン全集 11
アリストテレス『政治学』山本光雄訳、岩波書店、アリストテレス全集 15
高田康成『キケロ』岩波新書
角田幸彦『キケロ』清水書院、二〇〇一年
田中浩「近代精神の父キケロについて考える——「ルネサンス」・「宗教改革」・「市民革命」とのかかわりで」『大木英夫教授喜寿記念論文集　歴史と神学』下巻、所収、聖学院大学出版会、二〇〇六年
柴田平三郎『アウグスティヌスの政治思想』未來社、一九八五年
金子晴勇『アウグスティヌスとその時代』知泉書館、二〇〇四年
稲垣良典『トマス・アクィナス』講談社学術文庫、一九九九年
マキアヴェリ『君主論』池田廉訳、『世界の名著』16、中央公論社
佐々木毅『マキアヴェッリの政治思想』岩波書店、一九七〇年
小牧治・泉谷周三郎『ルター』清水書院、一九七〇年
渡辺信夫『カルヴァン』清水書院、一九六八年
柳原正治『グロティウス』清水書院、二〇〇〇年
田口富久治・田中浩編『国家思想史』(上・下)、青木書店、一九七四年
田中浩『ヨーロッパ知の巨人たち——古代ギリシアから現代まで』日本放送出版協会(NHKライブラリー)、二〇〇六年

参考文献

ダントレーヴ『自然法』久保正幡訳、岩波書店、一九五二年
水田洋『近代人の形成』東京大学出版会、一九五四年
リンゼイ『民主主義の本質』永岡薫訳、未來社、一九六四年
福田歓一『近代政治原理成立史序説』岩波書店、一九七一年
宮田光雄『平和のハトとリヴァイアサン』岩波書店、一九八八年
加藤節『近代政治哲学と宗教』東京大学出版会、一九七九年
田中浩「社会契約説」、田村秀夫・田中浩編『社会思想事典』所収、中央大学出版部、一九八二年
田中浩『ホッブズ研究序説』御茶の水書房、一九八二年
田中浩編『トマス・ホッブズ研究』御茶の水書房、一九八四年
田中浩『ホッブズ』研究社出版、一九九八年
田中浩『ホッブズ——人と思想』清水書院、二〇〇六年
伊藤正己『法の支配』有斐閣、一九五四年
ダイシー『憲法序説』伊藤正己・田島裕訳、学陽書房、一九八三年
ホッブズ『リヴァイアサン』水田洋・田中浩訳、『世界の大思想』13、河出書房
ホッブズ『リヴァイアサン』(全四巻)、水田洋訳、岩波文庫
ホッブズ『哲学者と法学徒との対話』田中浩・重森臣広・新井明訳、岩波文庫
ワトキンス『ホッブズ——その思想体系』田中浩・高野清弘訳、未來社、一九八八年
タック『トマス・ホッブズ』田中浩・重森臣広訳、未來社、一九九五年
藤原保信『近代政治哲学の形成』早稲田大学出版部、一九七四年

高野清弘『トマス・ホッブズの政治思想』御茶の水書房、一九九〇年
鈴木朝生『主権・神法・自由』木鐸社、一九九四年
梅田百合香『ホッブズ 政治と宗教』名古屋大学出版会、二〇〇五年
浜林正夫『イギリス市民革命史』未來社、一九五九年
『ホッブズ・ロック・ハリントン』田中浩・水田洋・浜林正夫訳、『世界大思想全集』（社会・宗教・科学
第二巻）、河出書房
ミルトン『教会統治の理由』新井明・田中浩訳、未來社、一九八六年
ミルトン『離婚の教理と規律』田中浩・新井明・佐野弘子訳、未來社、一九九八年
大木英夫『ピューリタン』聖学院大学出版会、二〇〇六年
松下圭一『市民政治理論の形成』岩波書店、一九五九年
田中正司『ジョン・ロック研究』未來社、一九六八年
浜林正夫『ロック』研究社出版、一九九六年
ジョン・ロック『統治二論』加藤節訳、岩波書店、二〇〇七年
山崎時彦『市民的抵抗の思想』法律文化社、一九七七年
トロイマン『モナルコマキ』小林孝輔・佐々木高雄訳、学陽書房、一九七六年
飯島昇蔵『スピノザの政治哲学』早稲田大学出版部、一九九七年
柴田寿子『スピノザの政治思想』未來社、二〇〇〇年
マンハイム『保守主義』森博訳、誠信書房、一九五八年

参考文献

小松春雄『イギリス保守主義史研究』御茶の水書房、一九六一年
バーク『フランス革命についての省察』水田洋訳、『世界の名著』34、中央公論社
桑原武夫編『ルソー研究』第二版、岩波書店、一九六八年
白石正樹『ルソーの政治哲学』(上・下)、早稲田大学出版部、一九八三―八四年
ルソー『人間不平等起原論』本田喜代治・平岡昇訳、岩波文庫
ルソー『社会契約論』桑原武夫・前川貞次郎訳、岩波文庫
カッシラー『ジャン=ジャック・ルソー問題』生松敬三訳、みすず書房、一九七四年
ヒューム『市民の国について』(上・下)、小松茂夫訳、岩波文庫
坂本達哉『ヒュームの文明社会』創文社、一九九五年
泉谷周三郎『ヒューム』研究社出版、一九九六年
田中秀夫『スコットランド啓蒙思想史研究』名古屋大学出版会、一九九一年
小松春雄『評伝トマス・ペイン』中央大学出版部、一九八六年
ペイン『コモン・センス』小松春雄訳、岩波文庫
ペイン『人間の権利』西川正身訳、岩波文庫
M・フィルプ『トマス・ペイン』田中浩・梅田百合香訳、未來社、二〇〇七年
カント『永遠の平和のために』土岐邦夫訳、『世界の大思想』11、河出書房
ヘーゲル『政治論文集』(上・下)、金子武蔵・上妻精訳、岩波文庫
ヘーゲル『法の哲学』藤野渉・赤沢正敏訳、『世界の名著』35、中央公論社
アヴィネリ『ヘーゲルの近代国家論』高柳良治訳、未來社、一九七八年

金子武蔵『ヘーゲルの国家観』岩波書店、一九四四年
中埜肇『ヘーゲル』中公新書

ベンサム『道徳および立法の諸原理序説』山下重一訳、『世界の名著』38、中央公論社
岩佐幹三『市民的改革の政治思想──ベンタムとイギリス急進主義研究序説』法律文化社、一九七九年
西尾孝司『ベンサム『憲法典』の構想』木鐸社、一九九四年
永井義雄『ベンサム』研究社出版、二〇〇三年
スミス『国富論』(全四巻)、水田洋監訳、杉山忠平訳、岩波文庫
内田義彦『経済学の生誕』未來社、一九五三年
高島善哉『アダム・スミス』岩波新書
水田洋『アダム・スミス研究』未來社、一九六八年
田中正司『アダム・スミスの倫理学』(上・下)、御茶の水書房、一九九七年
サン＝シモン『産業者の政治的教理問答』高木暢哉訳、『世界大思想全集』10、河出書房新社
フーリエ『四運動の理論』副田満輝訳、『世界大思想全集』10、河出書房新社
コント『社会再組織に必要な科学的作業のプラン』霧生和夫訳、『世界の名著』36、中央公論社
トクヴィル『アメリカのデモクラシー』第一巻(上・下)、松本礼二訳、岩波文庫
マルクス／エンゲルス『共産党宣言』大内兵衛・向坂逸郎訳、岩波文庫
エンゲルス『空想より科学へ』大内兵衛訳、岩波文庫
エンゲルス『家族・私有財産および国家の起源』佐藤進訳、『世界の大思想』Ⅱ-5、河出書房

参考文献

ミル『自由について』水田洋訳、『世界の大思想』Ⅱ-6、河出書房
ミル『道徳科学の論理』松浦孝作訳、『世界大思想全集』(社会・宗教・科学 第七巻)、河出書房
ミル『代議制統治論』水田洋・田中浩訳、『世界の大思想』Ⅱ-6、河出書房
ミル『女性の解放』大内兵衛・大内節子訳、岩波文庫
山下重一『J・S・ミルの思想形成』小峰書店、一九七一年
杉原四郎『J・S・ミルと現代』岩波新書
ベーベル『婦人論』(上・下)、草間平作訳、岩波文庫
バジョット『イギリス憲政論』小松春雄訳、『世界の名著』60、中央公論社
田中浩「明治前期におけるヨーロッパ政治思想の受容にかんする一考察——加藤弘之の『人権新説』を手がかりに」、稲田正次編『明治国家形成過程の研究』所収、御茶の水書房、一九六六年
田中浩「社会進化論」、田村秀夫・田中浩編『社会思想事典』所収、中央大学出版部、一九八二年
竹内好『魯迅』世界評論社、一九四八年
野村浩一『近代中国の政治と思想』筑摩書房、一九六四年
小野川秀美『清末政治思想研究』みすず書房、一九六九年
山下重一『スペンサーと日本近代』御茶の水書房、一九八三年
ウィリアムズ『帝国主義と知識人』田中浩訳、岩波書店、一九七九年
河合栄治郎『トーマス・ヒル・グリーンの思想体系』社会思想社、河合栄治郎全集 1・2
杉本栄一『近代経済学の解明』(上・下)、岩波文庫
日下喜一『自由主義の発展』勁草書房、一九八一年

行安茂『近代日本の思想家とイギリス理想主義』北樹出版、二〇〇七年
丸山真男『現代政治の思想と行動』未來社、二〇〇六年
丸山真男『日本の思想』岩波新書
丸山真男『戦中と戦後の間』みすず書房、一九七六年
松田道雄『日本知識人の思想』筑摩書房、一九六五年
小松茂夫・田中浩編『日本の国家思想』(上・下)、青木書店、一九八〇年
田中浩編『近代日本のジャーナリスト』御茶の水書房、一九八七年
松本三之介『天皇制国家と政治思想』未來社、一九六九年
藤田省三『天皇制国家の支配原理』第二版、未來社、一九七四年
藤田省三『維新の精神』みすず書房、一九六七年
武田清子『天皇観の相剋』岩波書店、一九七八年
武田清子『日本リベラリズムの稜線』岩波書店、一九八七年
石田雄『明治政治思想史研究』未來社、一九五四年
石田雄『近代日本政治構造の研究』未來社、一九五六年
鶴見俊輔『戦時期日本の精神史——一九三一〜一九四五年』岩波書店、一九八二年
井田輝敏『近代日本の思想構造』木鐸社、一九七六年
田中浩『長谷川如是閑研究序説』未來社、一九八九年
和田守『近代日本と徳富蘇峰』御茶の水書房、一九九〇年

参考文献

田中浩『近代日本と自由主義』岩波書店、一九九三年
田中浩『日本リベラリズムの系譜』朝日新聞社（朝日選書）、二〇〇〇年
田中浩『「第三の開国」は可能か』日本放送出版協会（ＮＨＫライブラリー）、二〇〇三年
アレント『全体主義の起原』（全三冊）、大久保和郎・大島通義・大島かおり訳、みすず書房、一九七二―七四年
太田哲男『ハンナ・アーレント』清水書院、二〇〇一年
フロム『自由からの逃走』日高六郎訳、創元社、一九五一年
ジョル『ヨーロッパ一〇〇年史』（全二冊）、池田清訳、みすず書房、一九七五―七六年
『思想』特集「ファシズム」第三四一号、一九五二年一一月
東京大学社会科学研究所編『ファシズム期の国家と社会』（全八冊）、東京大学出版会、一九七八―八〇年
安部博純『日本ファシズム研究序説』未來社、一九七五年
山口定『ファシズム』有斐閣、一九七九年
F・ノイマン『ビヒモス――ナチズムの構造と実際』岡本友孝・小野英祐・加藤栄一訳、みすず書房、一九六三年
S・ノイマン『大衆国家と独裁』岩永健吉郎・岡義達・高木誠訳、みすず書房、一九六〇年
ラスキ『危機にたつ民主主義』岡田良夫訳、ミネルヴァ書房、一九五七年
ラスキ『危機のなかの議会政治』岡田良夫訳、法律文化社、一九六四年
ノイロール『第三帝国の神話』山崎章甫・村田宇兵衛訳、未來社、一九六三年

マイヤー『彼らは自由だと思っていた』田中浩・金井和子訳、未來社、一九八三年
田中浩「カール・シュミット考——知識人と政治」『思想』第七七四号、所収、一九八八年一二月
シュミット『政治的ロマン主義』橋川文三訳、未來社、一九八二年
シュミット『政治的なものの概念』田中浩・原田武雄訳、未來社、一九七〇年
シュミット『政治神学』田中浩・原田武雄訳、未來社、一九七一年
シュミット『リヴァイアサン』長尾龍一訳、福村出版、一九七二年
シュミット『現代議会主義の精神史的地位』樋口陽一訳、長尾龍一編『危機の政治理論』所収、ダイヤモンド社、一九七三年
シュミット『大統領の独裁』田中浩・原田武雄訳、未來社、一九七四年
シュミット『憲法論』阿部照哉・村上義弘訳、みすず書房、一九七四年
シュミット『合法性と正当性』田中浩・原田武雄訳、未來社、一九八三年
シュミット『独裁』田中浩・原田武雄訳、未來社、一九九一年
中道寿一『ワイマルの崩壊とC・シュミット』三嶺書房、一九八九年
田中浩『カール・シュミット』未來社、一九九二年

宮田光雄『西ドイツの精神構造』岩波書店、一九六八年
ヴェーバー『職業としての政治』脇圭平訳、岩波文庫
トレルチ「世界政策における自然法と人間性」、西村貞二訳『ドイツ精神と西欧』所収、筑摩書房、一九七〇年

参考文献

ブライス『近代民主政治』(全四巻)、松山武訳、岩波文庫
ケルゼン『デモクラシーの本質と価値』西島芳二訳、岩波文庫
バーカー『近代自然法をめぐる二つの概念』田中浩・津田晨吾・新井明訳、御茶の水書房、一九八八年
伊藤邦武『ケインズの哲学』岩波書店、一九九九年
浅野栄一『ケインズ』清水書院、一九九〇年
イェーリング『権利のための闘争』小林孝輔・広沢民生訳、日本評論社、一九七八年
ウォーラーステイン『近代世界システム』(Ⅰ・Ⅱ)、川北稔訳、岩波現代選書、一九八一年
坂本義和『新版 核時代の国際政治』岩波書店、一九八二年
武者小路公秀『行動科学と国際政治』東京大学出版会、一九七二年
福島新吾『非武装の追求』サイマル出版会、一九六九年
馬場伸也『地球文化のゆくえ』東京大学出版会、一九八三年
猪口孝『国際関係の政治経済学』東京大学出版会、一九八五年
猪口邦子『戦争と平和』東京大学出版会、一九八九年
フック『軍事化から非軍事化へ』御茶の水書房、一九八六年
進藤榮一『現代紛争の構造』岩波書店、一九八七年
京極純一『日本の政治』東京大学出版会、一九八三年
升味準之輔『戦後政治』(上・下)、東京大学出版会、一九八三年
升味準之輔『現代政治』(上・下)、東京大学出版会、一九八五年
升味準之輔『日本政治史』(全四冊)、東京大学出版会、一九八八年

田中浩『戦後日本政治史』講談社学術文庫、一九九六年
田中浩『戦後世界政治史』講談社学術文庫、一九九九年
田中浩『二〇世紀という時代』日本放送出版協会(NHKライブラリー)、二〇〇〇年
篠原一編『連合政治』(Ⅰ・Ⅱ)、岩波現代選書、一九八四年
ミリバンド『現代資本主義国家論』田口富久治訳、未來社、一九七〇年
ピアソン『曲がり角にきた福祉国家』田中浩・神谷直樹訳、未來社、一九九六年
新川敏光『戦後日本政治と社会民主主義』法律文化社、一九九九年
宮本太郎『福祉国家という戦略』法律文化社、一九九九年
アンデルセン『福祉資本主義の三つの世界』岡沢憲芙・宮本太郎監訳、ミネルヴァ書房、二〇〇一年
D・ヒーター『統一ヨーロッパへの道』田中俊郎監訳、岩波書店、一九九四年
ネグリ／ハート『帝国』水嶋一憲・酒井隆史・浜邦彦・吉田俊実訳、以文社、二〇〇三年
伊豫谷登士翁『グローバリゼーションとは何か』平凡社新書
オクラン『語り継ぐヨーロッパ統合の夢』伴野文夫訳、日本放送出版協会、二〇〇二年
中村健吾『欧州統合と近代国家の変容』昭和堂、二〇〇五年
山本吉宣『「帝国」の国際政治学』東信堂、二〇〇六年
D・ハーヴェイ『新自由主義』渡辺治監訳、作品社、二〇〇七年
庄司克宏『欧州連合』岩波新書
『世界』臨時増刊「東欧革命」一九九〇年四月
田中浩『思想学事始め――戦後社会科学形成史の一断面』未來社、二〇〇六年

あとがき

本書は、もともとは、一九八九年七月から九月にかけて毎週火曜日、計一二回放映された、「NHK市民大学」(教育テレビ)のテキスト、『近代国家と個人——民主主義思想の変遷』を土台にして新しく構成されたものである。八八年の一〇月頃ではなかったかと思うが、「市民大学」担当の菅野倫行氏より打診があり、正式決定をみた一二月末頃から約三カ月間というフルスピードで一気に書き上げた。

六月初旬から録画撮《ど》りに入り、八月上旬までに早々と収録し終わった。同月中旬以降、約二週間の日程で、北京・上海の両社会科学院の招請により、「日本の近代化と西欧思想の受容」について講演して回る予定が組まれていたからである。しかし、周知のように、六月に「天安門事件」が突発し予断を許さない状況が続いたので、やむなく中国行きは中止せざるをえなくなった。

それはともかく、中国訪問をキャンセルするかどうかまだ最終的にははっきりしていなかった六月三〇日の夕方、わたくしは、『思想』編集長の合庭惇氏と久方振りに会食する機会があった。用件は他のことにあったのだが、「市民大学」についても話題となり、かねて「啓蒙書」出版の重要性を認識しておられた同氏から、出版企画の話が急にもち上がった。そこで早速、テキスト作成にさいしてたいへんな御尽力をいただいた「日本放送出版協会」の折方宏親氏にその旨お伝えしたところ、実はうちでも「ＮＨＫブックス」用の出版を予定していたところですが、という話になり、当方としても予想外の展開に驚いた次第であったが、数日後、最終的な判断はおまかせします、との好意ある御返事をいただいた。

ところで、このテキストの原稿段階では、約六〇枚(四〇〇字詰)ほど多めに書いていたのであるが、ページ数との関係で、結局それらを削除せざるをえない、という経緯があった。したがって、本書作成の過程では、先に削除した部分を復活させ、さらに読者の学習の便に供するために、各章ごとに、論述の素材となった原典資料や文献の抜粋を最小限付け加えることにした。その作業が終了したのが昨年八月末であったが、その後の東欧情勢の急激な変化、ソ連のペレストロイカの予想外の進展については、ここで改めて言及するまでもないだろう。

もっとも、「まえがき」でも述べたとおり、わたくしは、本書では、あくまでも「根本の問題だけを」(長谷川如是閑)論述する姿勢をとり続けてきたから、国際情勢のドラマティックな大変貌にもかかわらず、内容的には書き改める必要はないと考え、今回ほとんど原形のままで上梓することにした。とはいえ、最終章の、すぐれて現代的な問題にかかわる部分については、今後さまざまな形をとって生起するであろう国内・外の状況の変化に応じて、将来とも随時、内容を改め、また新資料の差しかえも必要であろうし、そのようにしたいと思っている。

さて、現代のことを知るためには、まずは、長い歴史の発展過程とそれに照応する思想内容の変化とを合わせ考えるという基本的作業のよりいっそうの充実をはかる努力が当然なことになると思われるが、しかし、そうはいっても、現代世界の考察については、現代それ自体を対象にして研究しなければならないこともたしかである。そうした作業は、すでに数年前から計画し開始しているが、そのスケッチを提示するまでには、まだまだかなりの時間を要することはいうをまたない。というわけで、ここでは、本書に続く「予告編」だけを申し述べておくにとどめる。

最後に、本書出版の機縁を作って下さった菅野倫行氏および折方宏親氏に重ねてお礼を申し上げるとともに、本書刊行までに多大の御尽力をいただいた合庭惇氏に心から感謝の意を表する次第である。

一九九〇年三月三日

田中　浩

新版あとがき

この「新版」を書きあげて、正直いっていまほっとしている。二〇年ほどまえに本書を上梓した時点では、東欧社会主義国家が次々に「ソ連支配」から離脱し、世界中の人びとが仰天していたが、「ソ連邦の崩壊」までには至っていなかったから、ゆるい形ではあれ「冷戦対決」はそのまま持続していくものと考えていた。しかし政治思想史の研究者としては、現代世界においてたしかになにかが大きく変化しつつあるという予感はあったから、本書初版の「あとがき」では、いずれ書き直す必要がでてくるであろうと書いている。

その一年後の一九九一年一二月にソ連邦が崩壊し、「社会主義」の思想と政治だけしか研究してこなかった人びとには巨大な衝撃を与えたことであろうが、わたくしは社会主義を西欧デモクラシーの一つの発展形態と考えていたから、今回の事態は「競争的共存の時代」が始まる絶好の機会到来と考え、初版『国家と個人』の内容をさほど変える必要はないように思えた。それに加えてわたくしが改訂に踏み切らなかったのには、いくつかの理由があった。一つは出版事情のきびしいときに大幅な改訂はなかなか困難であること、それに本書の内容――つまり近代デモクラシーの成立・発展・変容というすぐれて思想的な原理の解明に光を当てていたこと――のせいか、それなりの読者数をこれまで獲得していたこと、また一つには初版発行当時の編集担当者であった合庭惇氏が国際文化研究センター教授に転職されたため、相談相手を失っていたことなどがあった。

しかし、二〇〇一年の同時多発テロ(九・一一事件)を契機に、二〇〇三年三月二〇日に国連「安保理事会」の決議のないままアメリカ主導の「イラク戦争」(一五月一日)が勃発し、そのさいEU主要国のフランスとドイツが「イラク戦争」に反対するという事情をみて、戦後政治に新しい事態が発生しつつあると考えざるをえなくなり「改訂」を決断した。

こうしたとき、かつてわたくしの論文(論壇「「社会科学の危機」と問題意識」『世界』一九八〇年一月号)と訳書(『帝国主義と知識人』(一九七九年)の「岩波モダンクラシックス」版、一九九九年)を担当していただいた小島潔氏に相談したところ改訂を快諾され、今回の新版出版の運びとなった。

ところでわたくしの本は、『国家と個人』つまり「権力対自由」という政治思想の根本問題を、近・現代における世界の大思想家たちを素材にして長期的な視点から論じたものである。しかし日本では、こうした体裁の本を「啓蒙書」、「一般書」、「概説書」、「通史」などと呼び、「特殊学術研究書」より一段低くみる傾向が強い。これに対し欧米の研究者たちのあいだでは、すぐれた啓蒙書を書くことが生涯かけての目標である、とされている。つまり、こうした「歴史と思想」

の関係を総体的な形でかつ一貫した内容をもった本にまとめあげることがいかにむずかしいかということを、かれらは十分に認識しているのである。

本書の注をみておわかりいただけるであろうが、本書の内容は専門研究を十分に踏まえ、それを簡明な形にして書いたものである。読者諸君が本書を基礎にして、それぞれの思想家の思想を研究し、「歴史と思想」研究の「深さと面白さ」を発見していただければ、筆者望外の喜びである。

さて本書を改訂するにあたり、横浜国立大学名誉教授泉谷周三郎氏、桜美林大学教授太田哲男氏に史料・文献の面で大変お世話になった。お礼申し上げる。また本書の作成にかんしてお世話になった岩波書店編集局の小島潔氏に感謝したい。最後になったが、今回もわたくしの汚い原稿をパソコンに打ち込んでくれた妻秀子に感謝する。

二〇〇七年一二月一四日

田中　浩

■岩波オンデマンドブックス■

新版 国家と個人——市民革命から現代まで

2008年2月8日　第1刷発行
2017年12月12日　オンデマンド版発行

著　者　田《た》中《なか》浩《ひろし》

発行者　岡本厚

発行所　株式会社　岩波書店
〒101-8002　東京都千代田区一ツ橋2-5-5
電話案内　03-5210-4000
http://www.iwanami.co.jp/

印刷／製本・法令印刷

ISBN 978-4-00-730704-1　　Printed in Japan

事 項 索 引

ア 行

カ 行

サ行

タ行

ヤ 行

ラ・ワ行

人名索引

ア 行

人 名 索 引

カ 行

サ 行

タ 行

ナ 行

ハ 行

マ 行

ヤ 行

ラ・ワ行